정신현상학

자기 내적 거리유지의 오디세이아

시대의 절대사상

정신현상학

자기 내적 거리유지의 오디세이아

| 최신한 | 헤겔 |

살림

*e*시대의 절대사상을 펴내며

고전을 읽고, 고전을 이해한다는 것은 비로소 교양인이 되었다는 뜻일 것입니다. 또한 수십 세기를 거쳐 형성되어 온 인류의 지적유산을 제대로 이해하고, 그 바탕 위에서 새로운 자기만의 일을 개척할 때, 그 사람은 그 방면의 전문가가 될 수 있을 것입니다. 프랑스의 대입제도 바칼로레아에서 고전을 중요하게 취급하는 까닭도 그와 같은 이유 때문이겠지요.

그러나 예전에도, 현재에도 고전은 유령처럼 우리 주위를 떠돌기만 했습니다. 막상 고전이라는 텍스트를 펼치면 방대한 분량과 난해한 용어들로 인해 그 내용을 향유하지 못하고 항상 마음의 부담만 갖게 됩니다. 게다가 지금 우리는 고전을 읽기에 더 악화된 시대를 살고 있습니다. 변하지 않고 있는 교육제도와 새 미디어의 홍수가 우리를 그렇게 만들고 있는 것입니다.

고전을 읽어야 하지만, 읽기 힘든 것이 현실이라면, 고전에 친근하게 다가갈 수 있는 새로운 방법을 응당 고민해야 하지 않을까요? 살림출판사의 *e*시대의 절대사상은 이러한 문제의식을 가지고 기획되었습니다. 고전에 대한 지나친 경외심을 버리고, '아무도 읽지 않는 게 고전'이라는 자조를 함께 버리면서 지금 이 시대에 맞는 현대적 감각의 고전을 만들고자 했습니다.

고전의 내용이 지나치게 주관적으로 해석되어 전달되는 위험을 피할 수 있도록 그 분야에 대해 가장 정통하면서도 오랜 연구 업적을 쌓은 학자들이 자신의 경험을 응축시켜 새로운 고전에의 길을 열고자 했습니다. 마치 한 편의 잘 짜여진 다큐멘터리 프로그램을 보듯 고전이 탄생할 수 있었던 시대적 배경과 작가의 주변 환경, 그리고 고전에 담긴 지혜를 재미있게 습득할 수 있도록 내용을 구성했고 난해한 전문용어나 개념어들은 최대한 알기 쉽게 설명했습니다.

　　이전에 경험하지 못했던 새로운 감각의 고전 e시대의 절대사상은 지적욕구로 가득 찬 대학생·대학원생들과 교사들, 학창시절 깊이 있고 폭넓은 교양을 착실하게 쌓고자 하는 청소년들, 그리고 이 시대의 리더를 꿈꾸는 모든 사람들에게 생생하게 살아 숨쉬는 인류 최고의 지혜를 전달할 것이라고 확신합니다.

기획위원

서강대학교 철학과교수 강영안

이화여자대학교 중문과교수 정재서

일러두기

4부 『정신현상학』 발췌 부분은 Suhrkamp사에서 나온 전집
(Theorie Werkausgabe) 제3권에서 발췌했으며, 부분적으로 한
국어판(한길사, 2005)을 참고했다. 발췌문 말미에 있는 숫자는
원문의 쪽수를 지시한다.

들어가는 글

혜겔은 1807년 5월 예나Jena에서 『정신현상학』을 펴낸다. 대작의 출간 200년을 기념하는 해에 한국에서 이 책의 입문서를 발행할 수 있다는 것은 큰 기쁨과 행운임에 틀림없다.

밤베르크Bamberg에 있는 조세프 안톤 굅하르트 출판사는 철학사에서 가장 영향력 있는 책 가운데 하나로 평가될 이 책을 펴내면서 다음과 같은 광고문을 낸다. "이 책은 지식의 생성을 서술한다. 『정신현상학』은 지식의 정초에 대한 심리학적 설명이나 추상적 논의를 대신해야 한다. 이 책은 새롭고 흥미로운 학문과 철학의 제일 학문을 가능하게 하는 관점에서 학문에 이르는 사전 준비를 고찰한다. 이 책은 여러 가지 형태로 나타난 정신을 그것이 순수지나 절대정신에 이르는 단계로 파악한다. 그러므로 이 학문의 주요 부분에서는 의식, 자기의식, 관찰하는 이성과 행동하는 이성, 인륜적 정신, 교양을 갖춘 정신, 도덕적 정신, 다양한 형태로 구별되는 종교적 정신이 다루어진다. 일견 혼돈으로 나타나는 정신의 풍요로움은 정신의 현상을 그 필연성에 따라 서술하는 학문의 질서로 옮겨진다. 현상된 정신의 불완전성은 이러한 필연성에서 해소되고 보다 높은 단계의 진리로 이행한다. 정신의 현상은 최종적인 진리를 우선 종교에서 발견하며 그 다음에는 전체의 결과인 학문에서 발견한다."

『정신현상학』은 의식이 자연적 단계의 혼돈과 우연성을 떨쳐버리고 질서와 필연성에 도달하는 과정에서 경험하는 모든 계기를 서술한다. 의식은 무지와 혼돈과 억견臆見에 묶여 있기도 하지만 진리를 향해 나아갈 수 있다는 점에서 헤겔은 이 책을 "의식의 경험의 학"으로 부르기도 한다. 여기에 서술되어 있는 각양의 경험들은 개인과 집단이 역사적으로 겪어왔으며 언제든지 새롭게 경험할 수 있는 내용을 반영할 뿐 아니라 그것의 내적 질서까지 드러낸다. 혼돈과 뒤얽힘으로 점철된 그때마다의 경험 가운데 현상하는 천태만상의 정신을 체계적인 질서로 옮겨놓으려 한 것은 탁월한 철학자에게서만 기대할 수 있는 원대한 기획임에 틀림없다. 이와 같은 체계적인 학문이 어떻게 일관되게 관철될 수 있으며 이것이

얼마나 생산적인 결과를 가져다줄지에 대한 물음은 당연히 제기되어야 하지만, 『정신현상학』은 이러한 시도만으로도 인류 정신사의 새로운 지평을 열어 재친 작품으로 평가되어 마땅하다.

이 책에 대한 200년간의 독서와 평가는 아직도 완성되지 않았다. 대부분의 고전이 권위 있는 주석서를 갖고 있는 경우와 달리 『정신현상학』을 위한 결정적인 주석서는 아직까지 마련되지 못했다. 이 책에 대한 해석의 역사는 독자가 반드시 지켜야 할 확고한 해석의 지침보다는 새롭게 펼쳐질 수 있는 여러 가지 사유의 가능성을 보여준 것이다.

여기 내놓는 입문서도 『정신현상학』으로 인도하는 '하나의' 안내서를 넘어설 수 없다. 나는 여기서 『정신현상학』을 '자기 내적 거리유지'의 관점에서 바라보려고 한다. 헤겔이 강조하는 체계와 학문, 그리고 이 둘을 특징적으로 반영하고 있는 '절대지'에 대한 사상도 중요하지만, 이와 더불어 형이상학 '이후'라는 사상의 지형도까지 그리고 있는 현재의 시점에서도 여전히 강한 영향력을 발휘하고 있는 요소에 주목하려고 한다. 그것은 '운동'과 '이행'의 사유를 통해 드러나는 새로운 경험과 지식의 양상이며, 이 가운데 반영되어 있는 내면과 현실의 역동적 만남이다. 이 만남은 '자기 내적 거리유지'라는 틀 속에서 확인될 수 있다. 이 점에 관한 한 헤겔은 탈형이상학의 주창자들보다 훨씬 앞서서 이들의 사상을 선취한 면모까지 보여준다.

생동적인 내면성을 소유한 사람은 자기와 거리를 유지함으로써 자기를 사로잡고 있는 문제에서 해방될 수 있으며 자기 고유의 문제로 진입할 수 있다. 자기와의 거리유지는 지금까지 몰두하던 일의 의미를 파악하기 위해 이 일 위로 날아오르는 지혜의 시선이다. 이 시선이 만들어내는 자기와의 거리유지는 지나간 삶에 대한 성찰에 그치지 않고 새로운 세계와 삶에 대한 통찰에까지 나아간다. 자신과 거리를 유지하는 데서 내적인 긴장이 발생하며 이 긴장에서 새로운 삶의 지평이 펼쳐질 수 있기 때문이다. 한계 있는 삶을 한계 너머로 이끌며 잘못된 삶을 새로운 삶으로 교정하는 힘은 외적인 운명이나 요행에 있는 것이 아니라 자기 자신과 거리를 유지하는 내면성에 있다. 혼돈 속에 있는 자연적 의식이 순수지의 질서로 진입한다는 헤겔의 논제는 구체적인 삶과 역사의 현장에서 언제든지 확인될 수 있다면, 이것을 가능하게 하는 틀은 주어진 현실에 대해 거리를 유지할 수 있는 내면성 없이 불가능하다.

처음으로 『정신현상학』을 접한 지 많은 세월이 흘렀다. 모든 것이 암울하던 80년대 초입 독일 철학에 관심 있는 동료 학우들과 함께 원전을 강독하면서 독일 유학의 꿈을 키우던 때가 엊그제 같은데 벌써 이 일들을 오래 전의 경험으로 추억하게 됐다. 그동안 수많은 혼돈과 이해되지 않는 현실을 경험했으며 지금도 그 한복판에 서있다. 그때마다 운명처럼 다가온 부정적 현실 앞에 좌절하기도 했지만 이를 이겨내려는 노력 또한 멈추지 않았다면, 이 알 수 없는 힘은 이념을 상정하고 이를 향해 나아가는 이행의 질서를 설파한 『정신현상학』의 공부에서 온 것인지도 모른다.

좋은 기획으로 불멸의 고전을 오늘의 분위기로 소개하게 해준 출판사의 기획위원과 편집 관계자 여러분에게 감사드린다.

2007년 2월
최신한

| 차례 | 정신현상학

*e*시대의 절대사상을 펴내며 04

들어가는 글 07

1부 헤겔 철학과 자기 내적 거리유지 16

2부 『정신현상학』의 탄생 38

3부 『정신현상학』의 핵심 사상

의식과 이론적 경험―감각적 확실성의 변증법 54
자기의식과 실천적 경험―주인과 노예의 변증법 66
이론과 실천을 종합하는 이성의 경험
　　―인륜적 개체성의 변증법 80
인륜과 문화의 경험―양심의 변증법 95
예술과 종교의 경험
　　―정신의 자기의식으로서의 종교 113
경험의 완성―절대지, 체계, 개념 128
『정신현상학』의 영향 142

자기 내적 거리유지의 오디세이아

정신현상학

4부 『정신현상학』 발췌

의식과 감각적 확실성의 변증법   152

자기의식과 주인과 노예의 변증법   165

이성의 경험, 그리고 개체성과 보편성의 뒤얽힘   176

인륜과 문화의 경험, 그리고 양심의 변증법   188

예술과 종교의 경험   208

경험의 완성과 절대지   219

5부 참고문헌과 연보

참고문헌   236

헤겔 연보   238

1부

헤겔 철학과 자기 내적 거리유지

Phänomenologie
des Geiste

헤겔에게는 인간에게 직접적으로 주어진 것을 그 자체로 수용하는 것이 가장 비철학적이다. 유한한 대상은 물론이고 절대자라도 직접적으로 수용되어서는 안 된다. 직접성에는 반성이 결여되어 있기 때문에 사고 주체가 자기만의 방식으로 의미를 부여할 수 없으며, 이렇게 수용된 절대자는 주체의 자기성과는 무관한 타자성을 띠고 나타나기 때문이다. 자기 내적 거리유지는 직접적으로 주어지는 존재에 대해 자기 내적으로 반성함으로써 타자성과 대상성을 떼어내고, 존재를 주관성을 통해 재구성하고 산출하는 사변의 활동을 가리킨다.

헤겔 철학과 자기 내적 거리유지

헤겔 철학과 근대적 주관성

헤겔 철학은 일반적으로 칸트와 독일관념론의 운동을 완성시킨 철학으로 평가된다. 칸트의 선험적 관념론이 독일관념론 운동의 토대를 마련한다면, 피히테와 셸링은 각각 주관적 관념론과 객관적 관념론을 형성하고, 헤겔은 이 둘을 종합한다. 독일관념론 운동을 완성했다는 측면에서 헤겔 철학은 절대적 관념론으로도 불린다. 사고방식의 코페르니쿠스적 전회 이후 세계와 존재를 주관성에서 정초하려는 철학적 기획은 칸트의 선험적 주관성에서 출발해서, 자아와 비아非我를 절대자아 가운데 통합한 피히테의 주관적 주관성과, 자연을 주관성의 틀에서 설명하는 객관적 주관성을 넘어서, 주관적 주관성과 객관적 주관성을 다시금 통합하는 헤겔의 절대적 주관성에서 완성된다. 이런 점에서 칸트와 독일관념론의 역사는 주관성의 능력과 작용 범위를 테스트한 주관성 개념의 변천사와 다르지 않다. 여기서 주관성은 단순히 개인의 내면성을 지시하는 개념에 그치지 않으며 존재 전체의 구조를 밝히는 원리로 전개된다. 독일관념론의 완성은 존재 전체가 관념론의 원리 하에 포섭되며 정초된다는 사실을 지시한다.

헤겔은 근대적 사유의 정점에 있다. 그것은 인간에게 주어져 있는 모든 존재를 사상으로 체계화하려고 하며 체계화의 근거를 인간의 주관성에서 찾을 뿐 아니라, 이를 반성적으로 실명하고 있기 때문이다. 모든 존재를 사상으로 포착하려는 노력은 존재의 참모습을 드러내려는 "진리에의 용기"이다. 이러한 용기는 모든 것과 거리를 유지하는 자유로운 사유에서만 나올 수 있으며, 진리는 이런 자유로운 상태에서 모든 것을 설명하고 정초定礎하는 데서 획득된다. 예컨대 종교와 국가의 권위 하에서 허용되는 사유와, 역사적으로 주어진 관점과 세계관에서 나오는 사유는 그 자체가 자유롭지 못한 만큼이나 진리에서 멀리 떨어져 있다. 진리에 관한 한 철학은 근대 과학과 동일선상에 있다. 이것은 선험철학이 자연 탐구를 모방한 방법에 토대를 둔다는 칸트의 언명에서 확인되는 바이다.

사유의 자유와 철학의 상관관계는 칸트에서 비롯되는 것

은 아니다. 이것은 철학의 시원과 맞닿아 있다. 철학은 신화나 종교, 혹은 세계관의 형태를 띠고 삶의 개별적, 집단적 기준으로 자리 잡고 있었던 진리를 애당초 보편적인 방식으로 설명하려고 하기 때문이다. 철학은 인간에게 외적으로 부과되어 있는 다양한 기준들을 보편적인 틀 속에서 설명하며 가능한 한 여기에 학문성을 부여한다. 철학은 인간 외적이거나 인간 초월적인 기준을 인간적인 방식으로 설명하려는 노력의 집중적 표현이다. 이러한 노력을 통해 객관적인 세계상을 드러내는 것은 자연스럽다. 주관성에 대한 근대적 탐구의 요체는 결국 존재를 객관적으로 드러낼 수 있는 학문성 추구에 있다. 이것은 역사적으로 주어져 있는 외적 권위를 주관성을 통해 재구성함으로써 그 참 모습을 드러내려는 노력이다. 주관성은 주어진 것에 내적인 근거를 부여하는 힘이다.

이러한 내적 근거는 주체의 상황에 따라 변하는 상대적 근거가 아니라 시간과 상황을 초월하는 보편적인 근거여야 한다. 그렇지 않으면 근거대기 작업은 무의미하며 이로부터 존재의 참모습을 기대하는 것은 불가능하다. 주관성의 힘으로 근거대기 작업이 완벽하게 이루어질 수 있다면 모든 존재는 주관성의 폭에 쌓이게 되며, 여기서 세계는 관념의 옷을 입게 된다. 이처럼 주관성에 의해 세계가 완전하게 설명될 수 있다면 세계는 주관성 속의 세계, 즉 주관성이 만들어내는 개념과 학문의 체계 속에 반영된 세계가 된다. 주관성을 둘러싸고 세계와 학문 사이에 적극적인 관계가 형성되는 것이다. 여기서는 외부에서 주어진 세계와 이를 논리적으로 근거 짓는 주관성의 맞대응이 관건이다.

이렇게 본다면 중요한 것은 세계보다 주관성에 대한 물음이며, 더 나아가 주관성의 구조와 능력에 대한 물음이다. 주관성이 세계를 어떻게 근거 짓느냐에 따라 세계에 대한 규정이 달라질 것이며 주관성 자체에 대한 규정도 달라지기 때문이다. 칸트와 독일관념론의 중심 문제는 결국 주관성의 능력과 구조를 실험하는 데 있으며, 이를 통해 존재 세계를 주관성에 걸맞은 모습으로 드러내는 데 있다.

절대적 관념론의 탄생

칸트는 철학사에서 이러한 의미의 주관성을 시험한 최초의 철학자이다. 칸트의 이름은 이러한 작업을 수행한 것만으로도 철학사에서 영원히 빛난다. 그는 전통 형이상학을 비판하면서 '학문으로서의 형이상학'의 가능성에 대해 묻는다. 학문으로서의 형이상학이 가능할 수 있기 위해서는 학문을 학문으로 세우는 주관성에 대한 확실한 정초가 요구된다. 존재는 주관성을 통해 올바로 근거 지어질 때 진정한 모습을 드러낼 수 있기 때문이다. 칸트의 새로운 형이상학 구상에서 모델

이 되는 것은 자연과학과 수학이다. 새로운 형이상학은 이 둘과 같이 독단론을 넘어서는 보편적 학문일 수 있어야 하기 때문이다. 이성에 대한 물음은 이러한 토대 위에서 마련된다. 이것은 이성 자신의 능력과 범위를 시험하는 비판적인 물음이다. 이러한 작업을 통해서만 우리는 초월적 개념과 관계하는 독단론을 넘어설 수 있으며, 감각의 확실성에 집착하면서 회의주의로 떨어지는 경험론을 능가할 수 있다. 이성 능력에 대한 비판은 경험에서 독립한 독자적 이성에 대한 비판으로서 경험을 가능하게 하는 원리에 대한 물음이다. 순수 이성에 대한 비판적 물음은 철학적 학문의 순수 원리에 대한 물음이다.

그러나 칸트가 밝힌 주관성의 능력은 이론적 한계를 지닌다. 경험을 정초하는 이론이성은 현상세계에 국한되며 그 이상의 세계는 이론이성의 저편에 있는 물자체이다. 여기서 이성의 양분이 발생한다. 이것은 알 수 있는 세계와 관계하는 이론이성과, 생각할 수 있지만 알 수 없는 세계와 관계하는 실천이성으로의 양분이다. 칸트의 합리적 인식을 따르는 한 우리는 제한된 현상세계만을 알 수 있으며 그 이상의 세계에 대해서는 실천적 접근만이 허용된다. 이 같은 결론은 주관성의 한계와 유한성을 지시하는 것 이상이 아니다. 주관성의 운동이 제한됨으로써 주관성이 관계하는 세계도 제한적으로 파악된다. 이것은 칸트가 후속 철학자들에게 남긴 엄청난 철학적 과제이다. 전체의 존재는 어떻게 드러날 수 있으며 어떤 주관성을 통해 밝혀질 수 있는가? 인간의 주관성 하에 포섭되지 않는 실재는 사고와 관념의 접근을 허용하지 않는 실재의 세계인가? 사고가 접근할 수 없는 실재가 남는 한 칸트의 선험적 관념론은 기획 자체가 잘못된 것인가?

후속 철학자들은 이러한 물음에서 출발한다. 이 물음은 피히테, 셸링, 헤겔에게 공통적이며 슐라이어마허도 동일한 문제에서 출발한다. 초기 관념론이든 초기 낭만주의이든 모두 칸트가 남겨놓은 문제에서 시작한다. 독일관념론 철학은 칸트에 반대하는 철학이라기보다 칸트의 선험철학을 철저하게 만드는 철학이며 이것의 완성을 추구하는 철학이다. 칸트의 선험철학적 기획은 그가 남겨놓은 물자체의 문제를 해결할 때 완성된다. 물자체는 이론이성이 대답할 수 없는 영역을 지시하는 동시에 인식의 한계점을 가리킨다. 인식의 한계 너머에 존재하는 물자체는 주관성의 내적 근거로써 설명할 수 없는 세계이며, 그렇기 때문에 인간 외부에서 인간을 향해 영향을 끼칠 뿐 주관 내재적으로 설명될 수 없다. 그것은 관념의 세계 저편에 있는 실재의 세계이다.

'주관적 관념론'으로 이름 붙여지는 피히테의 철학은 물자체를 철학에서 배제하고 그 자리에 절대 자아를 세우려고 한다. 주관성의 이름으로 모든 것을 설명할 수 있는 철학의 원리를 마련하려고 하는 것이다. 피히테는 자아의 절대적 자기동일성을 철학의 무제약적인 제일 원리로 간주하며, 자아로부터 정신적 체계 가운데 등장해야 하는 모든 범주를 도출하려고 한다. 이런 점에서 피히테의 철학은 '주관적 관념론'으로 불린다. 그러나 절대 자아는 단지 '존재하는 것'으로만 상정되기 때문에 이를 풀어서 설명할 수 없으며, 따라서 규정할 수 없는 것으로 남는다. 절대 자아는 그것에 대응하는 존재를 통일적으로 형성하면서 현상계와 물자체의 구별을 없앴지만, 그 자체는 전적으로 추상적이며 인식할 수 없는 원리로 남았다. 최고의 원리는 반성적이면서도 최종적인 것이어야 함에도 피히테는 자아가 반성적 원리라는 사실을 입증하지 못함으로써, 절대적이면서 구체적인 원리에 대한 탐구를 철학의 과제로 남긴다.

셸링은 피히테의 주관적 관념론이 자아에 집착함으로써 총체적인 자연 탐구를 하지 못한다고 비판하면서 이른바 '객관적 관념론'을 전개한다. 셸링은 주관성이 중요한 만큼 객관성도 중요하게 다루어져야 하므로 진정한 철학의 원리는 주관성과 객관성의 동일성인 절대자에서 찾아져야 한다고 주장한다. 그러나 셸링의 절대자 개념은 양자의 전적인 무차별로 규정된다. 여기서 셸링은 피히테와 유사한 난점에 빠진다. 무차별로서의 절대자를 철학의 원리로 정립함으로써 존재 일반을 보편적으로 설명할 수 있는 형식적 토대를 마련했지만, 그 구체적 규정을 마련하지 못했다. 셸링은 자연에 선행하는 논리적 정신과 자연에서 나오는 실재적 정신을 동일시함으로써 피히테가 노정한 불균형을 해소하려고 하지만 그역시 절대자의 추상성에 머물고 만다. 헤겔식으로 표현하자면, 피히테와 셸링은 관념론을 각각 '주관적인 주관–객관'과 '객관적인 주관–객관'으로 정립했지만, 이를 통해 구체적인 존재의 규정에는 이르지 못했다.

절대 자아(피히테)의 추상성과 무차별적 절대자(셸링)의 추상성을 극복하기 위해서는, 주관적 관념론과 객관적 관념론을 상위에서 종합하는 또 다른 관념론을 마련해야 한다. 헤겔의 관념론은 이러한 종합의 의미에서 '절대적 관념론'으로 불린다. 헤겔은 절대자가 단순히 주관성이 아니라는 점에서는 셸링의 생각을 받아들이면서, 자연보다는 정신이 앞선다는점에서는 피히테를 따른다. 주관적 관념론과 객관적 관념론을 상위의 주관적 관념론에서 종합한 것이다. 여기서 '상위에있는 주관적 관념론'이란 주관적 관념론의 절대적 형식과 객관적 관념론의 절대적 내용을 모두 포괄하는 관념론을 뜻한다. 셸링에서와 같이 절대자가 단순한 동일성(A=A)이라면 여기서는 그 어떤 구체적 존재도 도출될 수 없다. 절대적 관념론에서는 절대자가 자기 전개적 통일성으로 파악되어야 한다. 이것은 헤겔의 사변적 사유를 파악할 때 비로소 드러난다.

사변, 철학의 최고 원리

절대적 관념론은 '사변적 관념론'을 특징으로 한다. 사변적 관념론의 근본적인 모습은 변증법에 나타나 있다. 헤겔의 변증법은 철학사에서 가장 독특한 형태로 구조화된 것으로서 이보다 더 큰 영향을 끼친 변증법의 유형을 찾아볼 수 없다. 사변적 관념론의 핵심은 전체 존재를 변증법적으로 파악하는 데 있다. 진정한 전체는 부분과 대립하지 않으며 부분의 종합도 넘어간다. 헤겔에게 전체는 부분들의 합이 아니라 부분과 전체의 통일이다. 부분 속에 전체가 반영되어 있으며 전체 속에 부분이 반영되어 있는 유기적 통일성이 진정한 전체이다. 이러한 사유는 일자와 다자, 보편과 특수, 신과 피조물, 근거와 근거지어지는 것, 실체와 속성의 관계에 모두 적용된다. 일자는 다자와 대립하는 존재가 아니라 다자 속에 깃든 존재이며, 다자 역시 일자에 맞서는 존재가 아니라 일자 가운데 깃든 존재이다. 중요한 것은 양 측면의 변증법적 교차와 역동적 통일이다. 교차와 통일의 관계에서 각 항의 추상성은 구체성으로 고양되며 이를 통해 존재의 진리가 드러난다. 진리는 사고가 존재를 구성함으로써 획득되는 것이 아니라, 이 둘의 역동적인 관계를 통해 확보된다. 사고와 존재가 맺는 변증법적 관계의 총체성이 존재의 진리로 드러나는 것이다. "진리는 전체이다."

헤겔 철학을 선도하는 사변적 사고는 두 세계와 두 차원을 매개하는 사고이다. 사변은 원래 감각세계 저편에 있는 진정한 존재와 신을 파악하는 능력이며 서로 대립하는 유한한 세계와 무한한 세계를 잇는 능력으로 이해된다. 헤겔은 이 능력을 변증법의 핵심 동력으로 사용함으로써 칸트에게서 이원화된 두 세계를 인식론적으로 연결시키려고 하며 피히테와 셸링에게서 무반성적으로 남아 있는 존재의 일원론적 구조를 반성적으로 드러내려고 한다. 따라서 헤겔에게 사변 개념은 오성을 넘어서는 이성의 사고이며 경험세계를 정초하는 오성을 넘어서는 사고이고 오성에게 이율배반적으로 파악되는 세계를 경험세계와 논리적으로 매개하는 사고이다. 다시 말해서 사변은 칸트적인 오성이 설명하는 세계를 규정적으로 부정하면서 그것이 더 이상 도달할 수 없는 세계를 적극적으로 지시한다. 사변은 모순과 이율배반에서 멈추는 사고가 아니라 이를 적극적으로 수용하면서 초월하는 사고이다.

헤겔의 입장에서는 이성적인 문제 상황 앞에서 사유하기를 포기하는 철학은 진리에 대한 용기가 부족하다. 오성적인 개념의 한계선을 넘어가지 않고 지금까지 걸어온 도정으로 되돌아가는 것은 나약한 사고에 불과하다. 그러나 오성이 그어놓은 한계선에서 한계 이편을 규정적으로 부정함으로써 한계 저편에 대해 적극적으로 사유하는 것은 이편과 저편을 구별하는 이원론적 사고를 극복하는 계기가 된다. 경험과 유한자를 넘어선 세계에 대해 사고하기를 포기할 것이 아니라, 사고를 통해 무한한 세계로 나아가는 길을 제시하는 것이 이성과 사변의 운동이다.

여기서 대상을 규정적으로 부정하는 사변의 특징이 밝혀져야 한다. 이것은 대상을 개념적으로 확정하고 고착화시키는 오성의 논리를 넘어서서 매 계기마다 산출되는 개념에 대해 거리를 유지하는 가운데, 주어진 개념을 또 다시 반성하는 상위의 사고 활동이다. '반성의 반성'이라는 규정도 사변의 이러한 특징을 지시한다. 따라서 한 번의 확실한 반성을 통해 대상과의 관계를 마무리하는 오성의 논리와 달리, 이미 수행된 반성에 대해 또 다시 반성하는 사변에서는 반성 계기들 간의 관계가 중요하며 이 관계들이 만들어내는 과정이 결과 못지않게 중요하다. 그래서 사변은 반성의 계기가 만들어내는 개념의 자기 운동으로 규정된다. 규정적 반성은 형식적 반성과 달리 개념의 운동을 가능하게 하는 상위의 활동성이다. 따라서 사변은 '개념의 운동'과 '사실 자체의 운동'을 추진하는 동력으로 이해되며, 사고의 형식과 내용이 그때마다의 과정 속에서 함께 만들어내는 상위의 사고 형식이고, 결과적으로 전체 존재의 내적 연관과 필연성을 창출하는 학문의 원리이다.

개념의 운동으로 규정되는 사변은 사고의 '자기 내적 거리유지'라는 도움말로 좀 더 구체적으로 파악될 수 있다. 사변은 한 계기의 반성이 산출하는 개념을 수용하는 것에 머물지 않으며, 반성의 결과에 대해 거리를 유지함으로써 새로운 의미의 공간을 창출한다. 헤겔에게는 인간에게 직접적으로 주어진 것을 그 자체로 수용하는 것이 가장 비철학적이다. 유한한 대상은 물론이고 절대자라도 직접적으로 수용되어서는 안 된다. 직접성에는 반성이 결여되어 있기 때문에 사고 주체가 자기만의 방식으로 의미를 부여할 수 없으며, 이렇게 수용된 절대자는 주체의 자기성과는 무관한 타자성을 띠고 나타나기 때문이다. 자기 내적 거리유지는 직접적으로 주어지는 존재에 대해 자기 내적으로 반성함으로써 타자성과 대상성을 떼어내고, 존재를 주관성을 통해 재구성하고 산출하는 사변의 활동을 가리킨다. 직접성에 대한 거리유지에서 매개성이 발생하지만, 매개성은 다음 단계에서 매개된 직접성으로 나타난다. 자기 내적 거리유지는 직접적 직접성뿐 아니라, 매개된 직접성에 대해서도 거리를 유지함으로써 직접성에 남아 있는 타자성을 자기성으로 변모시킨다. 직접성($U1$)이 매개성($V1$)이 되고 매개성이 매개된 직접성($U2$)으로 이행하며 이것이 다시금 매개된 매개적 직접성($V2$)이 됨으로써 주어진 존재의 내적 연관과 개념적 필연성이 드러난다. 이것은 헤겔의 관념론을 떠받치고 있는 사변의 근본구조이다.

의식은 의식에 주어지는 대상을 그때마다 새롭게 규정함으로써 그 의미를 산출한다. 의식의 활동은 대상의 제한 없이 이루어지며, 이러한 규정의 총체적 연관성은 관념론적으로 파악된 절대자가 된다. 따라서 헤겔에게 관념론은 의식에 주어지는 모든 대상에 대해 거리를 유지함으로써 확보되는 "모든 실재에 대한 의식의 확실성"이다. 총체적 확실성은 구성적 의식의 산물이 아니라 그때마다의 규정적 의식에 대해 거리를 유지하는 변증법적 관계의 의식이 만들어내는 결과물이다. 이로써 사변은 전체 존재의 내적 연관성과 필연성을 산출한다. 사변은 칸트에게서 이원론적으로 나누어졌던 현상계와 물자체, 실재의 세계와 이상의 세계를 통일시킨다.

주객의 통일은 아무런 제한 없이 절대적으로 이루어진다는 점에서 헤겔을 관념론 역사의 최고점으로 끌어올린다. 칸트의 선험철학적 기획은 이제 절대적 주관성에 실재론적 전체 내용이 통합됨으로써 완성에 이르게 된다. 철학사적으로 보면, 주관성의 보편적 지반을 확보한 피히테를 잇는 후속 철학자들은 거의 다 스피노자주의를 중시한다. 이는 절대적 주관성에 상응하는 실재론적 내용을 다루지 않는 한 존재의 물음은 해소되지 않기 때문이다. 바로 이 지점에서 헤겔의 대담한 시도가 전면에 등장한다. "진리는 실체로가 아니라 주체로도 파악되어야 한다."『정신현상학』은 이를 대변하는 마당이다. 진리는 실체로 뿐 아니라 주체로 파악되는 절대자이다. 이러한 절대자 개념은 실재론과 관념론을 통합하는 절대적 관념론의 전체 내용을 이룬다. 모든 실재는 그 자체로 존립을 주장할 수 없으며 개념을 통해 파악되어야 한다는 관념론적 원리가 여기서 관철된다. "이성적인 것이 현실적이며, 현실적인 것이 이성적이다." 존재는 개념과 무관하게 혹은 개념에 대립해서 자신의 실재를 주장할 수 없으며 모두 주관성의 범주 하에 포섭되어야 한다. 주관성의 관념적 원리는 실재와 대립하는 자아나 자기의식에만 있는 것이 아니라 모든 존재에 있다. 이제 절대적 관념론은 전체 존재를 '절대 이념'으로 파악한다. 절대 이념은 절대적 개념과 현실성의 종합이다. 여기서 우리는 헤겔을 플라톤주의자로 읽을 수 있으며, 그에게서 범논리주의의 문제성을 발견할 수도 있다. 중요한 것은 관념론적 파악을 통해 스피노자적인 필연적 체계에 생기를 불어 넣었다는 점과, 이를 통해 존재들 간의 역동적 관계가 확인되었다는 사실이다. 존재는 기계가 아니라 생명인 것이다.

　절대자가 생명의 주체이며 생동성을 지닌다는 논제는 헤겔 변증법의 근간을 이룬 기독교의 신 개념 내지 삼위일체론에서 재확인된다. 사변적인 거리유지의 동력은 기독교 신학의 근간을 이룬다는 것이다. 신은 자기를 부정하면서 인간과 자연을 자신의 타자로 외화하고 자신의 타자에서 자신을 직관하려는 사랑의 운동에서 역사를 섭리할 뿐 아니라, 심지어 스스로 인간이 되며(Menschwerdung Gottes) 이로부터 다시금 신 자신으로 복귀한다. 창조자는 자기 내적으로 거리를 유지함으로써 피조물과 관계하고, 피조물에서 다시금 거리를 유지함으로써 원래의 자기로 돌아온다. '자기-복귀'는 신 자체의 사변적 운동성이다. 헤겔 철학의 원대함은 이와 같이 자신의 체계 속에 종교철학과 신학의 문제까지 포함하고 있다는 데서 드러난다. 헤겔에게 사변은 만유 전체의 논리이다.

미네르바의 올빼미

우리의 논의는 이성과 현실의 화해 문제에 이른다. 헤겔의 관념론이 모든 존재 속에 깃들어 있는 질서를 드러내고 이 질서의 총체적 연관성을 밝히는 것을 목적으로 한다면, 주어져 있는 현실과 초월적인 이성의 통합관계가 필연적으로 드러나야 한다. 헤겔 철학은 존재의 원리론일 뿐 아니라 역사와 현실의 학문이기도 하다. 이 지점이 칸트와 헤겔의 분기점이다. 이성과 현실의 통합 내지 화해는 "역사 속의 이성" 내지 "종교 속의 이성"이라는 말에 특징적으로 나타나 있다. 역사적 현실은 절대자와 무관한 것이 아니라 전적으로 관련되어 있기 때문에, 관념론의 원리를 관철하려는 한 우리는 역사 속에 내재하는 절대자를 개념적으로 파악해야 한다. 그렇지 않는 한 절대자는 어둠과 신비에 휩싸이게 되고 절대적 관념론은 완성에 이를 수 없다. 원리론은 실재철학을 배제한 데서는 완전하게 성취될 수 없는 것이다.

"미네르바의 올빼미는 황혼이 되면 날기 시작한다."『법철학』서문에 나오는 이 유명한 언명은 이성과 현실의 통일과 화해를 지시하는 메타포이며 그것이 어떻게 일어날 수 있는지를 보여주는 은유이다. 미네르바는 지혜의 여신을 가리키며 올빼미도 지혜를 상징하는 새라면, 미네르바의 올빼미는 지혜를 사랑하고 추구하는 철학 활동을 가리킨다. 철학 활동은 헤겔에게 곧 이성과 사변의 활동인데, 이것은 낮 동안에 전개되는 각양의 현실 변화가 멈춘 시점인 황혼에서야 비로소 현실의 구석구석을 파악하기 위해 현실 위로, 현실 너머로, 메타적으로 비상한다. 현실은 다양한 모습으로 진행되지만, 이성과 사변의 시선은 현실의 변화를 현실 위에서 남김없이 모두 파악한다. 현실 파악을 위해서는 반드시 현실과 거리를 유지해야 하며 현실 위를 비상하면서 그것을 대상화해야 하고, 대상화 이후 이를 자기화함으로써 다시금 이성의 자리로 돌아와야 한다. 지혜의 시선은 순수하고 즉자적인 논리의 눈에서 출발하여 현실 위로 비상하면서 현실을 대상화하고, 대상화된 현실을 논리의 시선으로 파악한 다음 순수 논리의 지평과 현실의 지평을 종합함으로써 비상을 마친다. 비상 전후에 보이는 지혜의 시선은 그 형식에서 볼 때 서로 상이한 것이 아니다. 그러나 지혜의 시선이 포착한 내용의 관점에서 볼 때 두 시선은 전혀 다르다. 철학의 활동은 주관성에서 객관성을 거쳐 주관성으로 돌아가는 과정이시만, 처음의 주관성과 끝의 주관성은 같으면서 다르다. 주관성의 형식은 같지만, 그것이 파악한 내용은 다르다.

비상하는 올빼미의 시선과 같이 철학의 활동은 현실을 이성적으로 파악한다. 이성적으로 파악된 현실이 이성적으로 파악되기 전의 현실과 상이한 현실이라면, 철학의 활동은 새로운 현실을 만들어내는 원동력이다. 이성적 파악의 활동이 있기 전에 주관성과 무관하게 전개되던 현실이 이제 이성의 개입으로 그 진상이 드러나면서, 한편으로 비판받는 현실이 되기도 하며 다른 한편으로 비판을 극복하는 새로운 현실로 나타나기도 한다. 기존 현실에 대한 비판이나 새로운 현실에 대한 기획은 모두 현실을 자기화하면서 이로부터 거리를 두는 이성의 활동을 통해 가능해진다. 따라서 비상하는 지혜의 시선은 현실에 대한 비판의 시선이며 새로운 현실을 모색하는 기획의 시선이기도 하다. 비판은 정확한 현실 인식을 전제로 하며 새로운 기획은 이념의 잣대를 목표로 한다. 여기서 철학은 "그 시대를 사상으로 포착한 것"이며, 이를 통해 "역사의 이념"을 향해 나아간다. 이성직인 것이 현실직이며 현실적인 것이 이성적일 뿐 아니라, 이성적인 것이 현실적으로 되어야 하며 현실적인 것이 이성적으로 되어야 한다. 전자가 관념론의 원리를 대변한다면, 후자는 역사적, 유한적 조건을 고려한 철학과 사유의 방향성을 대변한다.

현실 세계로 내려온 영원의 철학

헤겔 철학의 유의미성은 무엇보다 사유의 포괄성과 원대함에 있다. 이 점에서 현대 철학은 아무리 다양한 방식으로 독특한 주장을 편다 할지라도 헤겔의 사유에 미치지 못한다. 헤겔 철학의 이념적 잠재력의 크기와 파괴력을 따라갈 수 없기 때문이다. 더 나아가 전체 존재를 학문적으로 드러내는 철학 체계는 현대 철학이 보여주는 부분의 철학과 차이성의 철학을 넘어선다. 특히 탈형이상학적 전통으로부터 강조되는 인간 삶에 대한 성찰이나 역사에 대한 반성은 헤겔 철학에 비추어볼 때 지극히 단편적인 문제에 집착하는 부분 철학에 지나지 않는다. 철학을 경험과 삶의 세계에 국한시키거나 경험 과학적 잣대로 평가하는 것은 헤겔 철학은 물론이고 철학 일반의 과제를 왜곡할 수 있다. 헤겔 철학은 학문적인 체계를 지향하는 한에서 경험적 소재나 이를 중심과제로 삼는 개별 과학에 대립하지 않으며, 이를 포괄하면서 능가한다. 헤겔의 자연철학과 종교철학은 이러한 사실을 보여주는 좋은 사례다.

헤겔의 사변적 관념론은 철학이 다룰 수 있는 거의 모든 주제를 함축하고 있다는 점에서 —'절대'라는 말을 일반화해서 사용한다면— 절대의 철학으로 불려도 문제가 없다. 그러나 헤겔 철학에 쏟아진 비판이나 현재의 헤겔 연구를 조명할 때 구별해야 하는 문제는 원리론의 관점과 현실적, 역사적 관점이다. 원리론의 입장에서 볼 때 사변적 관념론은 많은 헤겔주의자들이 이야기하는 바와 같이 '영원의 철학(philosophia perennis)'의 반열에 있음에 틀림없다. 그것은 수미일관한 논리를 치밀하게 전개하고 있을 뿐 아니라 존재 전체의 필연적 연관성을 논리적으로 보여주고 있기 때문이다. 더 나아가 사변적 관념론은 신학의 문제도 아무런 예외적 전제를 도입하지 않고 동일한 원리에 의해 설명하고 있다는 점에서 더욱 그렇다. 이러한 철학이 스스로를 "자연과 유한한 정신의 창조에 앞서 그 영원한 본질 속에 깃들어 있는 신에 대한 서술"로 규정하는 것은 자연스럽지만, 사변적 관점을 받아들이지 않는 진영에서 이를 오만의 극치로 비판하는 것도 자연스럽다. 실재론의 영역을 완전히 밀어내고 모든 것을 관념의 왕국으로 만들 수 있는 능력이 유한한 인간에게 과연 존재하는가라는 물음 때문이다.

　현대 철학 일반의 흐름이 인간의 유한성을 강조하고 논리적 동일성보다 차이성과 개체성을 중시하는 데 있다면, 사변적 관념론을 원리론 입장에서 고수하는 것은 그리 전망이 밝지 않을 수 있다. 실제로 오늘날 헤겔 연구 경향은 인간 유한성의 조건을 고려하는 가운데 해석학적 지평에서 헤겔 철학의 유의미성을 추구하려는 모습으로 나타나기도 한다면, 이러한 상황에서 중요한 관점은 사변적 관념론의 둘째 측면인 역사적 관점이다. 이성 내재적 구조를 탐구하는 것과 더불어 이성과 현실의 상호관계를 분석함으로써 새로운 현실의 가능성을 모색하는 '현실성의 철학'이 크게 주목을 받고 있다. 이러한 경향은 최근의 국제학술대회에서 쉽게 확인된다. 6년마다 개최되는 국제헤겔연맹(Internationale Hegel-Vereinigung)의 1999년 학술대회 주제는 "세계사와 세계 심판"이었으며, 2년마다 개최되는 국제헤겔학회(Internationale Hegel-Gesellschaft)의 2002년 학술대회 주제는 "신앙과 지식"이었고, 2004년 학술대회 주제는 "삶에 대한 사유"였다. 하버마스가 문명의 충돌을 염두에 두면서 "세속화의 변증법"을 마무리해야 한다는 주장을 펴는 것도 같은 맥락에 있다. '영원의 철학'이라는 말이 미래에 그대로 통용되지는 않을지라도, 자기 내적 거리 유지로 표현되는 주관성의 역동적 활동성은 지속 가능한 사유로 남을 것이 틀림없다.

2부

『정신현상학』의 탄생

Phänomenologi
des Geiste

헤겔에게 철학의 과제는 칸트의 선험철학을 완성하고 더욱 철저하게 다듬는 일일

뿐 이것에 맞서서 그 뿌리를 송두리째 말살하는 일은 아니었다. 그러나 모든 것을 선

험적 주관성을 통해 재구성하려는 칸트 철학은 그 이전의 합리론이 설명했던 통일

적인 세계관에도 미치지 못하는 분열을 남긴다. 이른바 칸트의 이원론이 문제로 부

각된 것이다. 인식할 수 있는 세계와 생각할 수 있는 세계의 분리, 이론과 실천의 분

리, 인식과 신앙의 분리는 이원론적 세계상의 핵심이다. 따라서 헤겔에게 부과된 철

학의 과제는 칸트적 이원론의 극복에 있었다.

『정신현상학』의 탄생

분열과 대립의 시대를 고민하다

　『정신현상학』은 6년간의 예나 시기를 마감하는 헤겔 사유의 결정체이자 그의 전체 사상을 가로지르는 요체이다. 1801년 셸링Schelling의 제안으로 시작된 예나에서의 삶은 헤겔에게 전문 철학자를 향한 준비기였다. 그는 처녀작 『피히테와 셸링 철학체계의 차이』(1801년)를 출간하며, 같은 해 예나대학에 교수자격논문을 제출한다. 1802년에서 1803년 사이에는 셸링과 함께 『철학비판지』를 발행하면서 수많은 논문들을 발표한다. 「회의주의와 철학의 관계」 「믿음과 지식」 「자연법에 대한 학문적 처리 방식에 대하여」 「인륜성의 체계」와 같은 글들을 이 시기에 집필한다.

1805년 괴테Goethe의 도움으로 예나대학 원외 교수로 지명된 헤겔은 5월 어느 날 포스Voss에게 보낸 편지에서 『정신현상학』을 집필하고 있다는 것을 처음으로 언급한다. 그동안 자신을 사로잡고 있던 문제들을 체계화하고 있다는 사실을 토로한 것이다. 새롭게 출간될 책 속에서 저자의 최근 관심사를 기대하는 것은 자연스럽다. '사변철학의 체계' '논리학, 형이상학, 자연철학' '자연철학과 정신철학'과 같은 강의의 주제가 이 책에 용해되어 있다는 사실은 책의 타이틀에서 곧바로 확인된다.

출간 당시 헤겔은 이 책에다 『학문의 체계. 제1부 정신현상학』이라는 제목을 붙인다. '학문'으로 들어가는 입문으로 기획된 이 책을 잇는 '학문의 체계. 제2부'는 끝내 출판되지 않았다. 그렇지만 이 책은 원래의 기획보다 훨씬 광범위한 내용을 담고 있으며 후기의 사상과 관련된 많은 주제들을 다루고 있다. 이 때문에 입문의 일반적 형태처럼 쉬운 글을 쓰겠다는 저자의 의도는 빗나갔지만, 『정신현상학』은 철학사에서 가장 풍부하고 다채로운 내용을 담고 있는 무게 있는 책이 되었다.

'학문으로서의 철학'을 시도하는 『정신현상학』은 저자의 천재성에 의해 단숨에 집필된 책이 아니다. 그리고 학문을 주제화한다고 해서 저자의 삶과 그를 둘러쌌던 시대적인 상황

헤겔(1770. 8. 27~1831. 11. 14)

과 무관하게 씌어진, 비현실적이고 추상적인 책은 더더욱 아니다. 오히려 이 책은 인간 헤겔이 겪은 삶의 고통과 시대의 아픔을 안고 세상에 나왔다.

헤겔은 예나 시절 경제적으로 많은 어려움을 겪은 것으로 보인다. 그동안 학문을 할 수 있었던 것은 1799년에 작고한 부친이 남긴 조그만 유산 덕분이었지만 이 무렵에는 유산마저 서서히 바닥을 드러내고 있었다. 베른(1793년)과 프랑크푸르트(1797년)에서는 가정교사를 하면서 생존할 수 있었지만 그 후에 이루어진 가난한 철학도의 생활은 사실 아버지의 유산으로 이루어졌던 것이다. 설상가상으로 1807년 2월에는 37살의 미혼 노총각에게 아들이 태어난다. 하숙집 도우미와 부적절한 관계에서 태어난 후생은 그에게 기쁨이었다기보다 깊은 고통이었을 것이다. 더 나아가 헤겔은 예나에 진주한 나폴레옹과 프로이센 군대의 전투를 생생히 목도한다. 1806년 10월 나폴레옹 군대를 눈앞에 두고 『정신현상학』을 탈고했다는 이야기는 너무나 잘 알려져 있다. 개인적인 고통과 조국의 비극적 현실을 체험하면서 헤겔은 분열과 찢김의 치유를 필생의 철학적 과제로 삼게 되었는지 모른다.

분열과 대립, 상처와 찢김의 현실은 그것에 대한 철학적 성찰에 앞서 삶을 파고드는 엄청난 문제이자 해결을 요구하는 과제로 나타난다. 일반적으로 헤겔 철학을 일컬어 '통합의 철학'이나 '화해의 철학'이라고 할 때 그것은 이미 분열과 대립의 문제에서 출발하며 이를 뛰어넘는 사유를 담고 있다. 나중에 체계화되는 변증법은 바로 이러한 삶의 과정과 원리를 표현하는 고도의 함축적 개념이다. 분열을 치유하는 통합에 대한 관심은 헤겔의 일생을 동반했지만 그 출발점은 학창 시절까지 거슬러 올라간다.

국내의 헤겔 수용에서 여전히 간과되고 있지만, 헤겔의 사유와 기독교는 서로 뗄 수 없는 관계 속에 있다. 분열과 화해의 문제에 관심이 있는 한 피할 수 없는 영역은 역시 종교이다. 1770년 슈투트가르트에서 출생한 헤겔은 그곳에서 김나지움을 마치고 튀빙엔 슈티프트Tübinger Stift에서 철학과 신학을 공부한다. 슈티프트에서 셸링 및 횔덜린Hölderlin과 같은 방에서 생활하며 공부했다는 사실은 튀빙엔 대학을 아는 사람들에게 널리 알려져 있다. 셸링은 5살 아래였지만 헤겔에게 사상적 선구자이자 경쟁 상대였고, 동년배인 횔덜린 역시 헤겔의 사상 형성에 많은 영향을 주었으며 프랑크푸르트

기독교와 프랑스혁명은 헤겔의 사상 형성에 큰 영향을 주었다.

의 가정교사 자리를 소개해 준 삶의 동반자이기도 했다. 철학 석사, 신학 박사인 헤겔이 1801년 예나로 이주하기 전까지 작성한 대부분의 원고는 기독교와 종교 문제에 관한 것이었 다.「민족종교와 기독교」「기독교의 실정성」「예수전」「기독 교 정신과 그 운명」「체계단편」등이 그것이다. 기독교에 대 한 철학적, 비판적 접근을 통해 그가 발견코자 한 것은 분열 을 극복할 수 있는 통합의 구조와 근거였다.

종교적 이념과 더불어 청년 헤겔을 사로잡은 문제는 시대 와 현실의 굴곡이었으며 그 가운데서 으뜸을 차지한 사건은 이웃 나라에서 일어난 프랑스혁명이었다. 슈티프트의 세 친 구에게 최대의 관심사로 떠오른 것은 이웃 나라에서 들려오 는 사회정치적 뉴스였으며 이른바 자유의 실현에 대한 확인 이었다. 이러한 맥락에서 중요하게 거론되는 것이 바로 "청 년의 이상"이다. 이들에게 이상은 다름 아니라 분열을 극복할 수 있는 자유와 통합과 화해였다. 따라서 이들이 지향한 사유운동의 목표는 "하나님의 나라"와 "눈에 보이지 않는 교회"가 되었다. 이것은 모든 성실한 사람들을 하나로 묶을 수 있는 최종적인 통합의 기준이기 때문이다. 고조된 시대 분위기로 인해 자신의 입장을 미처 점검하기도 전에 이미 운동권에 들어서 있게 된 사람들의 경우와 달리, 슈티프트의 친구들에게 자유는 분열과 억압 속에 있는 현실이 지향해야 할 실천적 이상에 그치는 것이 아니라 이를 가능하게 할 수 있는 이론적 설명의 대상이기도 했다. 그러므로 프랑스혁명의 정신을 기리기 위해 세 친구가 튀빙엔 어느 언덕에 '자유의 나무'를 식수했다는 이야기는 단순한 에피소드의 수준을 넘어선다. 바로 이러한 맥락에서 프랑스혁명은 실천적 자유를 보여준 역사의 '한' 사건인 반면 독일관념론과 헤겔 철학은 이 자유의 이론적 근거를 제시했다고 말해지기도 한다. 자유를 향한 현실적 사건과 이것에 대한 이론적 근거 제시는 상보적이다.

정신(Geist), 통합의 원동력

철학사적인 맥락에서 본다면 예나 시기 이전에 헤겔이 몰두한 것은, 당시의 모든 철학자와 마찬가지로, 칸트 철학의 수용과 그 극복이라는 문제였다. 실천의 영역에서 프랑스혁명이 새로운 시대를 자극했다면, 이론적인 측면에서 새로운 시대를 자극한 것은 칸트가 수행한 사고방식의 혁명이었다. 선험철학적 기획에 대해서는 칸트 이후의 철학자들이 거의 예외 없이 동의한다. 헤겔에게도 철학의 과제는 그의 선험철학을 완성하고 더욱 철저하게 다듬는 일일 뿐 이것에 맞서서 그 뿌리를 송두리째 말살하는 일은 아니었다. 그러나 모든 것을 선험적 주관성을 통해 재구성하려는 칸트 철학은 그 이전의 합리론이 설명했던 통일적인 세계관에도 미치지 못하는 분열을 남긴다. 이른바 칸트의 이원론이 문제로 부각된 것이다. 인식할 수 있는 세계와 생각할 수 있는 세계의 분리, 이론과 실천의 분리, 인식과 신앙의 분리는 이원론적 세계상의 핵심이다. 따라서 헤겔에게 부과된 철학의 과제는 칸트적 이원론의 극복에 있었다. 이 점에서는 피히테와 셸링 같은 초기 관념론자뿐 아니라 동시대의 초기 낭만주의자들도 같은 생각이었다. 분열이 철학의 욕구를 자극한다는 생각은 『차이』 저작에 국한된 사고가 아니다.

　여기서 칸트의 이원론을 극복하는 철학의 새로운 방향이 설정된다. 그것은 선험철학의 이상을 포기하지 않는 범위 안에서 존재를 통일적으로 드러낼 수 있는 철학을 마련하는 일이다. 말하자면 주관성의 틀을 벗어나지 않는 범위 내에서 존재 전체에 대한 일원론적 설명이 가능할 수 있어야 하는 것이다. 따라서 학문으로서의 철학이라는 화두는『정신현상학』이 태동할 수밖에 없었던 여러 가지 정황 가운데 으뜸을 차지한다. 철학적 지식이 학문적으로 되어야 하는 것은 시대의 요구였던 것이다. 다만 남아 있는 문제는 어떤 방식의 사고와 어떤 능력이 학문으로서의 철학을 가능케 할 것인가 하는 점이다.

여기서 철학의 최우선 과제로 떠오르는 것은 칸트에게 대립적으로 파악된 오성과 이성 개념의 통합이다. 이론적 활동성과 실천적 활동성의 통합을 근거 짓는 피히테의 '절대자아'나, 셸링이 추적한 정신과 자연의 '무차별'은 진정한 통합을 가능하게 하는 개념들이었다.

이들과 달리 헤겔이 예나 시기 이전까지 통합을 둘러싸고 천착한 개념은 '사랑'과 '생명' 또는 '삶'이었다.『정신현상학』에도 다양한 모습으로 용해되어 있는 이 두 개념은 그 자체가 통합을 지시한다. 통합은 통합 이전의 대립과 맞서는 것이 아니라 대립을 자기 안에 포함하는 생동적인 통일이다. 헤겔의 사랑 개념은 칸트가 말하는 타자 지향적 양심과 달리 개인의 경향성과 감정을 배제하지 않으면서 타자와 통합하려고 하는 힘이다. 사랑은 경향성과 함께 있을 때 분리된 두 존재들 간의 통합을 비강제적인 방식으로 실현할 수 있다. 진정한 통합은 타자를 향하는 반성능력과 더불어 자아와 타자의 통합을 가능하게 하는 상상력 및 직관이 종합될 때 이루어질 수 있는 것이다. 이와 마찬가지로 삶과 생명의 개념도 분리된 존재들의 지속적인 통합을 추구하는 데서 귀결된 생각이다. 생명은 그 자체가 분열되고 다시금 통합되는 생동적인 전체이기 때문이다.

이러한 사유는 예나 시기 초기에 셸링과의 공동작업을 통해 확정된 '사변' 개념으로 구체화된다. 사변은 반성과 지적 직관의 종합이다. 사변은 유한자에 국한되는 반성과 이를 넘어서는 무한한 세계에 대한 직관의 통일이다. 사변은 서로 대립적인 것을 그보다 상위의 차원에서 통일적으로 파악하는 능력이다. 이러한 사유는 『차이』 저작이 말하는 "동일성과 차이성의 동일성"에 잘 나타나 있다. 헤겔이 추구하는 통합의 논리적, 존재론적 구조를 이보다 명쾌하게 드러내고 있는 명제는 쉽게 발견되지 않는다. 동일성은 차이성과 대립하는 동일성에 그치는 것이 아니라 차이성까지 자기 안에 포함하는 상위의 동일성이다. 결합은 비결합과 대립하는 결합이 아니라 비결합을 자기 속에 포함하는 결합이다. 사랑은 타자를 향한 자기 내면의 감정에 그치는 것이 아니라 타자 속에서 자기를 직관하고 자기 속에서 타자를 직관하는 상위의 통합을 가리킨다. 생명 역시 비생동적인 것까지 포함하는 생동적인 것이다.

이러한 해석을 통해 사랑, 생명, 삶, 사변 개념은 헤겔 특유의 '정신(Geist)' 개념으로 구체화된다. 정신은 무엇보다 통합의 운동을 근간으로 한다. 유한자와 무한자의 대립, 삶과 죽음의 대립, 주체와 객체의 대립은 이러한 대립을 자기 안에 포함하는 통합을 통해서만 극복되는데, 이러한 극복의 주체가 바로 정신이다. 헤겔의 정신 개념의 근간에는 기독교에서 말하는 '영靈' 개념이 자리 잡고 있다. 헤겔의 변증법적 논리를 가장 정교하게 구조화한 것이 그의 『논리의 학』이라면, 이 논리의 가장 구체적인 사례는 『종교철학』에서 확인된다.

헤겔이 기독교를 무한한 종교로 규정할 때 그 근거는 기독교가 가장 완벽한 변증법적 논리를 보유하고 있다는 데 있다. 이러한 논리는 무한한 정신과 유한한 정신의 중첩된 관계에서 확인된다. 무한한 정신은 자연과 유한한 정신에 맞서 있는 실체로 그치는 것이 아니라, 자신에게서 양자를 향해 나아가고 이 양자에서 다시금 자신으로 복귀하는 운동의 주체이다. 이로써 정신은 이미 자기동일성과 차이성을 자기 안에 포함한다. 우리는 헤겔의 정신 개념에 대한 가장 특징적인 해석을 기독교의 삼위일체론에 대한 정신철학적 설명에서 확인할 수 있다. 성부와 성자와 성령의 관계는 자기동일적인 정신과, 이 정신에 대립하는 자연과 유한한 정신이 맺는 관계인 동시에 서로 대립하는 관계에서 원래의 정신으로 복귀하는 동일자의 운동을 지시한다. 신의 창조와 인간의 타락은 인간이 된 신의 매개를 통해 존재 전체의 원환운동을 마감하는데, 이를 관통하는 동일자가 바로 정신이다. 정신은 모든 존재 가운데 용해되어 있는 질서이자 이를 동일한 틀 속에서 파악하게 하는 범주이다. 자연과 인간과 신을 하나로 묶고 있는 질서를 사유체계 속에 담으려는 시도는 철학이 꿈꾸는 최고 지평임에 틀림없다.

『정신현상학』의 생성 배경과 현재적 의미

『정신현상학』은 이러한 정신의 특징을 의식의 경험을 통해 설명하고 있다. 전前학문적 경험이 학문으로 나아가는 도정에 이러한 정신의 구조가 반영되어 있는 것이다. 사랑과 생명의 분석에서 확인된 바와 같이 정신은 그 자체가 전체 존재와의 관계를 떠나 존재하지 않으며 그것을 통일적으로 드러내는 원리와 실제로 나타난다. 그러므로 모든 것을 자기 안에 포섭하는 절대자가 긍정적으로 파악된다면, 그것은 '절대지'를 소유한 진정한 의미의 학문이나 최고의 형이상학이 된다. 이 때문에 사람들은 '절대지' 장章에서 『정신현상학』의 가장 매력적인 포인트를 발견하지만 이와 동시에 수많은 의문을 제기하기도 한다. 이른바 '형이상학 이후'의 시대로 규정되기도 하는 오늘에는 모든 존재를 관통하는 완전한 이념을 제시한다는 말 자체가 공허하게 들릴 수 있기 때문이다. 여기서 우리는 『정신현상학』의 생성 배경과 현재적 의미를 연결시켜볼 수 있다.

우리가 헤겔 철학을 관통하는 관점으로 택한 '자기 내적 거리유지'는 『정신현상학』에서도 특징적으로 확인된다. 그것은 ①시간의 편파성을 벗어날 수 없는 자연적 의식이 겪는 총체적인 경험의 구조이며, ②그때마다 일반적인 삶의 현실에서 얻게 되는 가상지가 진정한 실제적 지를 향해 나아가는 도정의 구조이고, ③특정 조건 속에서 획득된 앎에 대한 비판과 회의懷疑를 뚫고 나아가는 정신의 구조이기도 하다. 자기 내적 거리유지를 통해서 확보되지 않는 지식은 그것이 아무리 전체 존재에 대한 지식이라 할지라도 '절대지'가 될 수 없다. 그것은 시간성이 결여된 추상적 지식이거나 특정한 조건만을 충족하는 부분적 지식에 불과하기 때문이다. 바로 이러한 이유로 헤겔은 『정신현상학』의 기조를 "자기 스스로를 완성하는 회의주의"로 규정하기도 한다.

지식은 추상적이어서는 안 된다. 자기 내적 거리유지를 통해 의식 가운데 구체적인 지식이 현상할 수 있다. 자연적 의식 가운데 무비판적으로 주어지는 내용에 대해 비판적으로 거리를 유지할 때 의식에 주어진 내용은 구체적인 앎으로 변화한다. 이러한 방식을 통해 자연적 의식은 역사적 현실과 구체적으로 관계하면서 늘 새로운 모습으로 도야될 수 있다.

현실과 시대의 모순에 대한 거리유지는 그 어떤 지식도 최종적으로 확정된 것으로 받아들이지 않는 비판이며, 이러한 비판은 그 어떤 주의와 이념도 교조화하지 않는 진정한 현실지知이다. 의식 주체에게 역사적으로 주어지는 학문과 종교와 규범을 무반성적으로 받아들이는 것이 아니라 이들을 의식 가운데서 비판적으로 수용할 때 사실 전통적인 의미의 고착화된 형이상학은 사라진다. 이렇게 본다면 자연적 의식과 현상적 의식의 관계로 진행되는 『정신현상학』의 도정은 그 자체가 탈형이상학의 과정이며 그때마다 상호인정의 틀 속에서 존재의 의미가 늘 새롭게 생기하는 과정이다. 현재 논의되고 있는 헤겔 해석의 한 부분이 이러한 성향을 띠고 있는 것은 결코 우연일 수 없다. 그러나 자기 내적 거리유지에서 확보되는 계기적 의미가 곧바로 전체의 의미가 될 수 없다면, 새롭게 발생하는 차이성에 주목하면서 이것이 발생한 토대와 이것이 창출하는 새로운 지평을 연결시킬 때 전체의 의미도 역동적으로 변화할 수 있다.

『정신현상학』을 출현시킨 시대와 오늘이 같을 수 없다면, 그리고 헤겔이 도달한 절대지의 학문이 그 자체로 존재 자체의 원리로 받아들여질 수 없다면, 깨어 있는 의식 가운데 꿈

틀대고 있으면서 늘 새로운 의미를 태동시키려는 힘에 주목하는 길만 남아 있을 것이다. 그것은 역사성과 유한성의 한복판에서 시도되는 모든 존재와의 자기 내적 거리유지이다.

3부

『정신현상학』의 핵심 사상

헤겔은 그 이전의 철학자들과 달리 이성을 선험적인 능력으로 전제하지 않는다. 선험적 능력으로서의 이성은 그 자체가 보편적이며 원리적이지만, 헤겔에게 원리로서의 이성은 추상에 지나지 않는다. 관념론에서 '이성은 의식이 모든 실재라는 확실성', 즉 모든 실재를 확실하게 파악하는 범주이다. 그러나 헤겔의 이성 개념은 실재에 대한 반성으로 만족하지 않으며 이성 자신을 반성하는 데까지 나아간다. 그렇지 않을 경우 이성은 전임 철학자들에게서와 마찬가지로 전제된 것 이상이 아니게 된다. 따라서 의식은 우선 자기의식이 되어야 할 뿐 아니라 자신이 곧 실재임을 입증해 보여야 한다. 의식이 곧 실재라는 사실은 자기 반성적 의식이 실재를 파악함으로써 달성된다.

의식과 이론적 경험
– 감각적 확실성의 변증법

감각적 확실성, 이론적 경험의 출발점

의식 경험의 체계를 목표로 하는 정신현상학의 프로그램은 '의식 이론'으로부터 전개된다. 의식 이론은 이론적 경험을 수행하는 의식에 대한 서술이다. 이론적 경험은 정당한 방법으로 근거지어진 지식을 목표한다. 그러나 이론적 경험은 의식 가운데 아직 아무 것도 규정되지 않은 직접적 지식으로부터 출발한다. '감각적 확실성'으로 불리는 직접적 지식은 의식 가운데 다만 주어져 있는 것에 지나지 않으며, 이것에 대해 아무런 의식의 활동이 전개되지 않은 것이다. 의식에 전제되어 있는 것에 불과한 직접적 지식은 '무매개성'과 '무규정성'을 특징으로 한다. 이러한 의미에서 감각적 확실성은 철학의 활동과 가장 멀리 떨어져 있는 자연적 관점의 산물이다. 그렇지만 헤겔은 이러한 관점을 진정한 지식에 이르는 한 단계로 간주한다. 감각적 직관을 통해 대상을 직접적으로 파악하는 감각적 확실성은 아직 개념과 판단을 통한 대상 파악은 아니지만 개념적 지식과 무관하지 않다. 감각적 확실성은 의식과 현실의 최초 접점에 그치는 것이 아니라, 현실에 대한 진정한 지식의 출발점이다.

감각적 확실성의 특징은 대상을 그 자체로 받아들인다는 데 있다. 헤겔은 그 자체로 받아들여진 대상을 '즉자적(an sich)'인 것으로 파악한다. 즉자적인 대상의 확실성은 대상을 개념적으로 추상하거나 축약한 것이 아니기 때문에 대상에 대한 가장 풍부한 내용을 담고 있다. 이것은 개념적으로 분석되거나 비교되지 않아서 아직 정돈된 지식에 이르지 못한 것이지만 풍부한 내용을 지니고 있는 것이다. 그러나 풍부한 내용을 지니고 있는 것으로 보이는 감각적 확실성은 보편성을 대변하는 학문적 의식의 산물이라기보다 자연적 상태를 벗어나지 못한 개별적 의식의 산물이다.

개별적 의식은 대상을 '이것'이 '존재한다' 혹은 '이것'이 '실존한다'는 방식으로 즉자적으로 파악하는 데 그친다. '이것'이라는 감각적 확실성은 대상의 '있음'이나 '실존'을 지시하는 것 이상이 아니다. '이것'의 '단순한 있음'은 공간적 있음으로서의 '여기'이며 시간적 있음으로서의 '지금'이다. 말하자면 '이것'이라는 감각적 확실성을 통해 드러나는 것은 '단순한 있음'과 이것에 부가되는 '여기'와 '지금'이다. '이것'은 대상에 대한 규정적 술어라기보다 대상에 대한 단순한 선술어적 지시이다.

　감각적 확실성은 자연적 관점에서는 대상에 대한 가장 풍부한 인식이지만 개념적으로는 대상에 대한 가장 추상적이고 보편적인 지시에 지나지 않는다. 의식을 채우는 사실적 내용은 처음에 '이것은 (지금 여기에) 존재하는 것'으로 표현되는 보편적인 것이다. 그러나 보편적인 것에서는 의식과 의식 대상이 서로 일치하지 않으며 늘 유동적이다. '이것' '있음' '여기' '지금'이라는 보편적인 표현들이 지시하는 대상은 늘 변경될 수 있다. 이러한 표현들은 그 적용에 따라 다른 표현으로 구체화될 수 있는 맥락 의존적인 것이다. 이를테면 감각적 직관이 관계하는 대상에 따라 '이것'은 '나무'가 될 수도 있고 '돌'이 될 수도 있다. '이것'이라는 보편적인 표현 하에 '나무'와 '집' 등 다양한 대상이 대응될 수 있으며, '지금'이라는 표현도 '밤'을 지시할 수 있는가 하면 '낮'을 가리킬 수도 있다. 여기서 '이것'이라는 일반적인 표현은 대상의 지속적인 본질을 지시한다기보다 그때마다 변화하는 의식 주체의 단순한 생각과 견해(Meinen)에 불과하다는 사실이 드러난다. 내적 모순에 의해 의식은 그때마다 다른 형태로 나타나며 다른 모습으로 이행한다.

의식의 이행과 새로운 의식의 발생은 '이것'으로 대변되는 감각적 확실성이 지시하는 의식의 대상과 의식 자체의 불일치를 교정하려는 운동에서 나온다. 지속적이고 불변하는 것으로 보이는 것이 한편으로 의식 주체의 측면에 놓이는가 하면 다른 한편으로 대상의 측면에 놓이게 됨으로써 의식 가운데 새로운 형태와 국면이 조성된다. 감각적으로 확실한 것이 '이것'의 지시자인 의식 주체를 가리키는 동시에 피지시체인 특정 대상을 가리키기도 하는 것이다. 따라서 '이것'이나 '저것'과 같은 특정한 지시가 아니라 지시 주체와 피지시체를 교대하는 지시 자체의 운동이 감각적 확실성을 충족시킨다. 이렇게 되면 감각적 확실성은 임의의 개별자를 지시하는 데 그치지 않고 '세분되어 있으면서도 지속적인 감각'을 파악하는 데 이른다.

여기서 드러나는 새로운 대상은 이전의 의식에 의해 산출되었지만 더 이상 이 의식에 대응하지 않는다. 새로운 대상에는 새로운 단계로 이행한 의식 형태가 대응하며 새로운 의식이 현상한다. 새로운 의식 형태가 파악하는 대상은 이제 단순히 '이것'이 아니라 시간 공간적으로 지속성을 가지면서도 다양한 속성을 지닌 '사물'이다. '이것'이 '사물'로 확인되는 것은 '감각적 확실성'에서가 아니라 '지각'에서 일어난다. 추상적인 지시 활동인 '이것'으로부터 좀더 구체적인 '사물'에 도달한 의식의 과정은 즉자적으로 존재하는 대상의 측면에서 설명될 수 없다. '이것'으로부터 '사물'로의 이행은 즉자적 대상의 문제가 아니라 대상과 관계하는 현상적 의식의 문제이다. '즉자(an sich)'는 여기서 '우리에게서(für uns)'로 이행된 것이다. 이러한 이행에서 대상에 대한 보편적 파악이 구체적인 파악으로 옮겨갔다는 사실이 밝혀진다. 그러나 이러한 대상의 구체성은 감각적 의식의 관점에서 설명되는 구체성일 뿐이며, 새롭게 발생한 의식의 관점에서 볼 때 대상은 또다시 보편성으로 되돌아간다. 이전의 의식 단계에서 '우리에게서'의 관점에 도달한 대상도 새롭게 발생한 의식에서는 다시 '즉자'의 관점에서 출발하는 것이다.

감각적 확실성에서 감각적 확실성의 진리에로

이와 같이 서술되는 감각적 확실성의 변증법은 확실성과 진리의 연관에서 보다 구체적으로 파악된다. 헤겔은 다음과 같이 말한다. "감각적 확실성은 실제로 가장 추상적이며 가장 빈곤한 진리로 불린다." 이 말은 감각적 확실성 자체의 의미라기보다 감각적 확실성에 대한 우리의 반성이 만들어낸 결과이다. 감각적 확실성이 가장 빈곤한 진리라는 사실은 진술 자체의 의미가 아니라, 이 진술에 대한 메타적 반성의 결과다. 사실 감각적 확실성은 그 자체가 알고 있는 바, 즉 사실의 존재만을 진술할 뿐이다. 여기서 사실의 존재는 가장 빈곤하고 가장 공허한 술어인 '단순한 있음'으로 표현된다. 따라서 대상이 풍부한 내용을 가지고 있을 것으로 의식 주체가 생각하고 믿는(glauben) 바는 실제로 존재하지 않으며 단순히 '이것'으로 지시될 뿐이다. 그러므로 '이것'이라는 진술은 대상에 대한 가장 추상적이며 빈곤한 진리에 지나지 않는다. 감각적 확실성과 이로부터 기대되는 진리 사이에서 확인되는 간격과 모순 때문에 의식은 새로운 단계로 이행한다.

헤겔이 주장하는 감각적 확실성의 진리는 '순수한 존재'이다. 감각적 확실성의 진리가 순수한 존재라는 말은 감각적 확실성이 그 내용에 대해 '이것'이라는 지시 이외에 아무런 술어를 붙일 수 없다는 사실을 의미한다. 그러나 '이것'이라는 지시가 갖는 보편성도 감각적 확실성 자체에 의해 획득된 것이 아니라 감각적 확실성에 대한 반성의 결과이다. 의식과 대상의 첫 번째 만남이 감각적 확실성으로 드러나지만, 감각적 확실성이 보편자의 특성을 지닌다는 사실을 확인하는 것은 반성적으로 활동하는 의식이다.

그런데 의식의 반성은 감각적 확실성에서 순수한 존재의 두 측면을 발견한다. 감각적 확실성은 '순수한 직접성'이지만 우리는 이것을 관찰하면서 그 '사례'를 발견한다. 순수한 직접성이 감각적 확실성의 진리 내지 본질이라면, 사례는 이 본질에 대한 반성을 통해 매개된 구체적인 현상이다. 예컨대 '지금'이라는 순수한 존재는 '낮'이라는 사례로 나타날 수 있다. 본질(지금)과 사례(낮)의 구별, 직접성과 매개성의 구별은 감각적 확실성이 드러내는 것이라기보다 의식의 반성이 감각적 확실성에서 발견해낸 것이다. 이것은 의식의 반성이 인식 주체와 대상을 구별하고 이 둘이 인식 과정에서 매개된다는 사실을 발견하는 것과 같다. 그러므로 헤겔의 논의에서 중요한 것은 다음과 같이 정식화될 수 있다. 감각적 확실성에서 드러나는 이론적 사실은 소박실재론(naiver Realismus: 우리의 지각이나 경험을 통한 인식은 독립적으로 존재하는 외계의 실재가 있는 그대로 비쳐진 것이라는 견해)의 경우에서처럼 대상의 측면에서 일방적으로 일어나는 것이 아니라, 인식 주체에게 직접적으로 현상하는 대상과 이 둘을 구별하고 매개하는 의식의 활동성에서 비로소 드러난다. 직접성의 진리는 직접성에 대한 반성적 매개에서 비로소 드러나는 것이다. 감각적 확실성의 진리는 주체의 측면에서도 대상의 측면에서도 독자적으로 주장될 수 없으며 오로지 이 둘의 관계를 통해서만 드러난다.

위의 예에서 보듯이 '지금'은 항상 '낮'이 아니며, '밤'이 되면 '낮'이라는 '지금'의 진리는 더 이상 '지금'의 진리가 이니다. 마찬가지로 '밤'으로 반성된 '지금'도 '새벽'이 되면 또다시 '지금'의 진리가 아니다. '지금'은 보편자이지만 '낮'과 '밤'은 '지금'의 구체적 모습이다. '낮'과 '밤'은 '지금'이라는 보편자의 구체적 진리이지만, '낮'과 '밤' 또한 '지금'의 진리 그 자체를 드러내기에는 미흡하다. 결국 처음에 진리로 불려진 것은 그 자체의 요구에 의해 더 이상 진리가 아니게 된다. 헤겔이 통찰한 의식의 경험은 바로 이러한 방식으로 형성되는 것이다. 의식의 경험은 초시간적 경험이 아니며 한 계기가 중심을 이루는 경험도 아니고 모든 계기가 진리에 기여하는 경험이다. 현상학적 의식은 경험의 계기를 형성할 때마다 반성을 수반하며, 이를 통해 이전의 진리를 지양하고 새로운 진리를 창출한다. 그러나 새롭게 창출된 진리도 폐쇄적인 독자성을 주장할 수 없으며 오로지 전체로서의 진리에 기여할 뿐이다. 이 모든 것을 총괄해서 헤겔은 다음과 같이 말한다. "감각적 확실성의 변증법은 다름 아니라 감각적 확실성이 펼치는 운동 내지 그 경험의 단순한 역사이며, 감각적 확실성 자체는 오로지 이러한 역사이다."

여기서 감각적 확실성에 대해 헤겔이 제시하는 일반적 경험의 사례를 살펴보는 것은 대단히 흥미롭다. 헤겔에 의하면 감각적 대상의 확실성을 주장하는 사람들은 "지혜의 초등학교"로 보내져야 한다. 이들은 곡물의 신 케레스와 술의 신 바

커스의 엘레우시스 신비로 되돌아가 빵을 먹고 포도주를 마시는 비밀을 처음으로 배워야 한다. 왜냐하면 이러한 비밀을 전수받은 사람은 감각적 사물 존재에 대해 회의할 뿐 아니라 이 존재 자체에 대해 절망하며 이 존재를 무로 돌리고, 이러한 무의 특성 자체를 완성시키기 때문이다.

엘레우시스 신비와 비밀은 제의에서 확인되는 표면적인 사실에 국한되지 않으며 내적으로 깊은 정신적 의미를 포함한다. 빵과 포도주라는 자연적 사물과 이를 먹고 마시는 인간은 서로 단순한 관계를 맺는 데 그치지 않는다. 종교적 신비와 비밀을 자연적 관계로 파악하는 사람은 지혜에 이르는 최하 단계에 머물 뿐이다. 지혜의 높은 단계에 이르기 위해서는 자연의 외적 실체를 부정하고 사상捨象함으로써 그 정신적, 영적 진리에 도달해야 한다. 빵과 포도주에 대한 감각적 확실성의 진리는 이 둘이 비밀스럽게 간직하고 있는 종교적 의미를 의식화하고 내면화하는 데 있으며, 이를 통해 종교적으로 새롭게 변화하는 삶에 있다. 기독교의 성만찬 예식을 생각해 보면 이러한 연관을 쉽게 이해할 수 있다. 과장된 서술로 보이지만, 헤겔은 바로 이런 맥락에서 동물도 감각적 사물 존재에 대해 회의한다고 말한다. 인간에 앞서 동물도 사물을 그 자체로 존재하는 실재로 인정하지 않는다는 것이다. 감각적 확실성의 진리는 대상의 독자적 실재성을 인정하는 데 있다기보다 오히려 대상을 먹고 소화함으로써 그 독자적 실재성을 부정하는 데 있다.

논의의 상황

감각적 확실성을 통해 헤겔은 오늘에까지 영향을 끼치고 있는 몇 가지 유의미한 주장을 펼친다. 첫째, 감각적 확실성의 변증법은 헤겔 이전의 이른바 '심미적 스피노자주의'에 대한 비판을 촉발하며 실체 형이상학을 주체 형이상학으로 변모시킨다. 심미적 스피노자주의는 측량할 수 없는 무한한 존재를 이론과 실천을 통해 자기화하려는 노력을 포기하는 대신, 이 존재에게 자신을 내맡기며 망아적인 감각 직관에 포착되는 존재를 독자적인 실재로 인정한다. 그러나 감각적 확실성의 변증법은 감각에 주어진 순수한 존재의 직접성과 보편성에 머물지 않으며 존재의 구체성을 확인하는 데까지 나아간다. 구체적인 술어로 규정되는 존재는 더 이상 실체적인 것이 아니라 주체적인 것이다. 주체적인 것의 구성에는 의식의 반성과 이를 진술하는 언어가 중요한 역할을 감당한다. 대상에 대한 지식은 대상에 대한 언어적 분절화를 수반한다. 따라서 감각적 확실성이 사용하는 언어는 직접적인 직관보다 더 진정한 것이며 개별적 존재에 대한 개인의 생각을 능가하는 보편적인 것이다.

둘째, 감각적 확실성의 변증법을 주도하는 '이것' '지금' '여기'와 같은 표현은 지시어(indexicals)에 대한 언어분석철학의 논의와 일맥상통한다. 이러한 표현이 술어적인 것인지 선술어적인 것인지, 프로토콜 명제(직접 경험할 수 있는 일에 관한 관찰을 서술한 명제)인지에 대한 논의가 있는가 하면, 이 표현들은 그 자체가 개념화될 수 없는 '논리적 고유명사'라는 주장이 있다. 더 나아가 이러한 표현들이 직접성을 띤다는 사실이 근거 지어지지 않았기 때문에, 이들은 러셀의 감각자료와 같이 '기본적인 개념 분류의 사례'라는 주장도 있다.

셋째, 감각적 확실성은 추상적인 이론 의식의 구조라기보다 역사적으로 매개된 구체적인 의식이다. 인간은 현실 속에서 늘 특정하게 형성된 의식으로부터 출발한다. 이렇게 형성된 의식은 자연적 의식이며 통속적 의식이고, 아직까지 반성되지 않은 의식이다. 『정신현상학』은 통속적 의식에서 출발하며, 감각적 확실성은 의식이 그 가운데 주어져 있는 임의적인 내용과 형성하는 첫 번째 관계이다. 감각적 확실성의 변증법은 통속적 의식에 주어져 있는 것이 진리가 아님을 드러냄으로써 의식과 대상 양측에 비밀스럽게 남아 있는 것들을 밝혀낸다. 『법철학』서문의 언명처럼 '인간은 그 누구나 시대의 아들'이며 시대와 역사가 만들어준 우연한 조건에서 출발한다. 그러나 그는 의식의 활동을 통해 자신에게 부가된 우연한 조건의 비밀을 밝혀내고 그 굴레를 떨쳐버림으로써 앎과 행위의 자유를 획득한다. 감각적 확실성의 경험은 이론적 진리의 획득에만 머물지 않고 실천적 자유의 획득으로 연결된다.

자기의식과 실천적 경험
－주인과 노예의 변증법

자기의식, 실재적 의식에 대한 의식의 관계

정신현상학의 운동에 의하면 의식은 자기의식으로 이행한다. 자기의식은 의식과 무관한 제3의 것이 아니라 자기의식으로서의 의식이다. 자기의식은 의식 자체에 대한 의식으로서 의식과 관계하는 대상에 대한 의식과 구별된다. 의식과 대상의 관계에서 중요한 것은 대상에 대한 이론적 지식의 문제이며, 여기서는 의식과 대상의 일치 및 이 일치의 다양한 질적 상태가 중심 문제이다. 이에 반해 자기의식으로서의 의식에서는 의식이 의식 자신과 형성하는 자기관계가 중심 문제를 이루며, 이것은 개별적 자기의식이 다른 개별적 자기의식과 형성하는 실천적 문제로 나타난다.

의식의 의식에 대한 관계는 '나는 나이다'라는 명제에서 확인된다. 이 명제는 자아의 확실성을 보여준다. 그러나 자기 자신을 확실하게 의식하는 자아는 현실과 아무런 내용적 관계를 맺지 않을 때 동어반복적인 자기의식으로 드러난다. 동어반복적인 자기의식은 의식 밖의 존재와는 아무런 관계를 맺지 않기 때문에 그 자체가 공허하다. 공허한 자기의식을 '충만한 실재'로 형성하기 위해 자기의식은 현실과 관계하지 않을 수 없다. 의식에 대한 의식의 순수한 관계를 아무런 내용이 매개되지 않은 동어반복적 관계로 규정하고, 이를 극복하기 위해 의식의 자기관계에 실재를 끌어들이는 설명방식은 피히테나 슐라이어마허 등 동시대의 특징적인 자기의식 이론과 근본적으로 구별된다.

욕구와 생명으로서의 자기의식

의식으로서의 자기의식이 순수한 자기관계를 넘어서 실재와의 관계로 나타난다는 헤겔의 설명은 특징적이다. 그에게 자기의식의 첫 모습은 '욕구'이다. 의식에 대한 의식의 관계가 순수한 자기관계를 넘어서 대상과 세계에 대한 의식을 또 다시 의식하는 첫 번째 틀이 욕구라는 것이다. 욕구는 대상을 파괴함으로써 스스로를 보존하는 자기보존의 양식이다. 헤겔에게 자기보존은 애당초 자기의식적이며 반성적이다. 여기서 대상의 대상성은 그 자체로 아무런 독자성을 지니지 못한다. 이런 점에서 대상은 자기의식에게 부정적인 것이며 비본질적인 것이다. 따라서 자기의식의 대상은 의식의 자기관계와 아무런 연관이 없거나 가치중립적인 것이 될 수 없다. 헤겔은 이러한 욕구의 대상을 '생동적인 것'으로 규정한다. 자기의식은 자기 스스로와 관계하는 의식이라는 점에서 '생명'이며, 대상은 이러한 생명과 관계한다는 점에서 '생동적인 것'이다. 더 나아가 욕구를 통해 자기의식과 관계하는 대상은 자기의식의 보존에 기여한다는 점에서도 생동적이다.

대상의 생동성은 생명 자체에 대한 고찰에서 더욱 분명해진다. 자기의식은 자기 스스로를 확실하게 의식하는 고차적인 생명이다. 생명에는 자기 스스로를 확실하게 의식하지 못하는 자연의 생명도 존재하므로, 자기 스스로를 확실하게 의식하는 생명은 자연의 생명보다 고상한 형식을 지닌다. 그러나 자기 스스로를 확실하게 의식하는 인간의 생명은 자기 스스로를 확실하게 의식하지 못하는 자연의 생명 없이 생존할 수 없다. 전자는 후자를 전제로 한다. 그렇지만 욕구하는 자기의식은 이러한 사실을 의식하지 않는다. 욕구는 타자를 자신의 욕구를 채워줄 수 있는 부정적인 대상으로 자기 앞에 세울 뿐이다. 욕구하는 자기의식에게 대상은 자기 자신의 자립성과 구별되는 사립적 존재로 경험된다. 대상은 욕구하는 자기의식에게 필요불가결한 하나의 생명으로 경험되는 것이다.

자기 스스로를 확실하게 의식하는 생명과 자기 스스로를 확실하게 의식하지 못하는 생명은 생명 일반의 관계에서 볼 때 생명과 죽음의 연관 속에 있다. 전자의 보존과 확장은 후자의 죽음을 통해서 가능하기 때문이다. 고차적인 생명의 보존은 그보다 낮은 생명의 희생을 통해서만 가능하다. 생명 자체의 관점에서 본다면, 자기 스스로를 보존하는 생명은 자기 자신을 갉아먹으며 자신을 죽음에 이르게 할 수도 있다. 생명은 죽음의 도움으로 가능한 것이다. 자신의 생명을 보존하기 위해 욕구하는 자기의식은 대상의 자립성을 확인하는 동시에, 이를 부정하고 죽음에 이르게 한다. 생명은 자기 자신을 부정하는 가운데 획득되며 보존된다.

『정신현상학』에서 헤겔의 관심은 생명 그 자체에 있다기보다 고차적인 생명체인 인간에 있다. 인간의 생명은 자연적 유類의 생명과 구별된다. 인간의 생명은 자신의 유에 대한 의식을 갖고 있는 반면, 자연적 유의 생명은 고차적인 생명을 위해 존재할 뿐 자기 스스로에 대한 의식을 갖지 않는다. 이런 점에서 자연적 유의 생명은 인간을 위해 존재한다고 말할 수 있다. 다르게 표현해서 다만 욕구하는 자기의식은 자기의식적이지 못한 생명을 욕구의 대상으로 삼을 수 있으며 이를 자기를 위해 소비할 수 있다. 그러나 욕구하는 자기의식이라

할지라도 자신과 똑같은 고상한 다른 자기의식까지 욕구의 대상으로 삼을 수는 없다. 오히려 욕구하는 자기의식은 다른 인간이 자기 자신과 구조적으로 동일한 개체임을 의식한다. 여기서 자기의식은 상대방을 자기와 동일한 자기의식으로 인정하면서 서로 공통적인 존재가 된다. 유적 존재로서의 자연과 유적 존재로서의 인간의 차이는 여기서 드러난다. 자기를 위한 소비와 소모의 대상으로서의 생명과, 자기와 구조적으로 동일한 주체로서의 생명의 차이가 드러나는 것이다. 이러한 차이의 인식은 다름 아니라 자립성과 관계하는 자기의식의 상이한 운동에서 이루어진다. 자연은 자립성이 부정당하면서 욕구의 대상으로 전락하는 반면, 인간은 자립성을 인정받으면서 인정하는 인간과 동일한 존재가 된다.

자기의식과 동일한 존재로 인정받는 존재는 살아 있는 생명의 주체이다. 자기의식적 주체가 생명인 것처럼 그 대상도 생명인 것이다. 여기서는 주체와 대상의 관계라는 표현 자체가 부적절하다. 정확하게 표현하면 이것은 하나의 자기의식이 다른 자기의식에 대해 존재하는 상호주관적 관계이다. 나는 '우리인 나'이며, 우리는 '나인 우리'이다. 나를 우리로 인식하는 것은 '보편적인 생명의 유'에서 가능하다. 여기서 자기의식은 욕구의 대상인 자연적 유가 아니라 서로가 인정받는 '정신'이 된다. 생명은 자기의식의 상호주관적 관계에서,

즉 서로를 생명으로 인정하는 유의 관계에서 정신으로 나타난다. 자기의식에게 또 다른 자기의식은 욕구 충족의 대상이 아니라 공존의 대상이다. 정신은 주체–객체의 관계에서가 아니라 주체–주체의 상호주관적 관계에서 확인된다.

이제 자기의식의 대상은 사물이 아니라 또 다른 자기의식이다. 이때 자기의식은 자신의 자립성을 상실하지 않으면서 서로를 위해 존재한다. 상호주관적 자기의식의 본질은 바로 '서로를 위한 존재'에 있다. 서로를 위한 존재를 가능하게 하는 것은 정신적 삶이다. 정신적 삶의 조건을 이루는 것은 물리적이고 경제적인 세계만이 아니라 역사적, 문화적 전제로서의 언어, 관습, 규범 등이다. 상호주관적 관계는 이와 같은 것들로 이루어지는 정신적 삶에서 비로소 가능한 것이다. 의식과 달리 정신은 초개인적인 관계와 상호주관적 관계를 보여주는 개념이다. 따라서 정신의 차원에 도달한 개인은 자기와 관계하는 자기의식적 존재일 뿐 아니라 다른 자기의식적 개인과 관계하는 실천적 존재이다. 각각의 자기의식은 자신의 자립성과 자유를 상실하지 않으면서 상대방과 통일되어 있는 존재이다.

개인이 다른 개인과 통일되어 있는 나–우리–관계는 각자의 자립성과 타자의존성을 특징으로 한다. 나–우리–관계는 개인의 자립성과 타자 의존성이 만들어내는 긴장에서 성립하며 이를 통해 새로운 모습으로 변모한다. 나-우리-관계는 자기가 자신을 반성하고 평가하는 독백적 관계에 그친다기 보다, 자신이 상대방에 의해 평가되고 인정되기를 바라는 상 호주관적 관계이다. 헤겔은 상호주관적 관계의 토대를 서로 가 서로에게서 자신의 존재를 확증하고 관철하려고 하는 투 쟁으로 간주한다. 그러나 이 투쟁은 상대방을 굴복시키려고 하는 것이 아니라 상대방으로부터 자신을 확인하려고 한다 는 점에서 명예를 위한 투쟁이다. 투쟁은 무조건적으로 상대 방을 제압하려는 목적보다는 자신의 명예를 확인하려는 목 적을 갖기 때문에 애당초 자기의식적이며 정신적이다.

생사를 건 투쟁과 상호인정

『정신현상학』과 더불어 너무나도 잘 알려진 '인정투쟁'의 사유는 바로 이러한 토대에서 출발한다. 요컨대 인정투쟁은 생사生死를 건 투쟁이다. 상대방으로부터 인정받기 위해서 존재 전체를 건 투쟁이 불가피하다. 생명과 죽음을 건 투쟁은 상대방으로부터 인정받으면서 보다 높은 질적 상태의 생명 에 이르는 경우와, 기껏해야 현재적 생명만을 허락받는 경우 로 구체화된다. 이것은 각각 자신의 생명을 타자로부터 인정 받은 자기의식과 타자의 허락 하에 자신의 생명을 유지할 수 있게 된 자기의식이다. 전자기 주인의 의식이라면, 후자는 노예의 의식이다. 명예를 위한 투쟁은 결국 주인과 노예의 관계로 귀결된다. 자세히 들여다보면 이 관계는 생명을 중심으로 형성되어 있는 반면, 생명과 더불어 이 관계를 가능하게 한 또 다른 축인 죽음은 논의의 전면에서 사라졌다. 투쟁의 종결과 함께 등장하는 생명과 죽음의 두 가지 가능성 가운데 죽음은 인정받은 생명은 말할 것도 없고 겨우 보존된 생명까지도 지양하기 때문이다. 따라서 죽음은 자기의식의 논의에서 주도적인 역할을 감당할 수 없다. 결국 자기의식의 문제는 생명의 문제이며 생동적인 정신의 문제이다.

실천적으로 상호 관계하는 자기의식은 이제 '노예의 의식'과 '주인의 의식'으로 구체화된다. 노예의 의식은 자연에서 발생한 것이 아니다. 엄격한 의미에서 태생적 노예는 존재하지 않는다. 그것은 의식의 전개 과정에서 출현한다. 노예는 자기의식적인 개인이 다른 개인과 투쟁하는 과정을 통해 출현한다. 그러나 노예는 의식의 전개 과정에서 저급한 단계에 속한다. 그것은 아직 '순수한 대자존재'에 이르지 못했기 때문이다. 말하자면 생사를 건 투쟁에서 패배한 노예는 패배와 함께 죽음을 감수한 것이 아니라 자신의 생존을 택했기 때문에 순수한 자기관계를 유지하지 못한다. 오히려 노예의 존립이 주인에게 의존함으로써 이루어졌다는 점에서 노예의 의식은 낮은 단계에 속한다.

그러나 노예의 의식은 결정론적으로 확정된 의식이 아니다. 그것은 의식의 전개 과정에서 나타나는 하나의 통과지점에 불과하다. 노예는 인식론적 경험을 통해 노예의 상태를 벗어난다. 노예의 인식론적 경험은 자신의 신분이 주인에게 의존하고 있다는 부자유에 대한 인식이며 자신의 존립이 노동을 통해 보장될 수밖에 없다는 부자유에 대한 인식이다. 흥미로운 사실은 노예가 겪는 인식론적 경험이 주인에게도 일어나며 그것도 부정적인 방식으로 일어난다는 것이다. 주인은 인정투쟁에서 승리한 자기의식으로서 노예로부터 이미 자신의 존재를 인정받았다. 주인의 의식은 자립적 존재를 대변한다. 그러나 주인은 자신의 주인으로서의 위상이 오히려 노예를 통해 가능하다는 사실을 인식하게 된다. 주인은 자신의 삶을 위해 노예를 필요로 하며 노예가 생산하는 생필품을 필요로 한다. 자신을 자립적 의식의 대변자로 확인했던 주인은 오히려 자신의 존재가 노예에 의존하고 있다는 사실을 인식한다.

노예와 주인 쌍방에서 일어나는 인식론적 경험은 의식의 새로운 전개 과정을 보여준다. 노예에 대한 주인의 지배는 그 자체가 의도했던 바를 유지하지 못하고 오히려 노예에게 의존하는 사태로 발전한다. 주인의 형식적 지배는 사실상 노예의 상태를 나타낸다. 이러한 인식에 도달한 주인에게는 자신을 자유롭게 해줄 자기 인정과 타자로부터의 실질적인 인정이 더 이상 존재하지 않는다. 자신이 노예에게 의존하고 있다는 의식, 그리고 자신이 전적으로 자유로운 존재로부터 인정받지 못하고 있다는 의식이 주인을 새로운 경험으로 이끌어간다.

반면에 주인에게 외적으로 의존하고 있는 노예는 진정한 의미에서 주인보다 더 자립적이다. 노예는 인정투쟁에서 패배할 당시 가졌던 비자립성의 상태로부터 점차 놓여나는데, 이것은 자신의 자립성에 대한 의식의 증가에서 비롯된다. 노예는 노동을 통해 '자유로운 대자존재'의 의식을 획득한다. 노동은 사물의 변형에 관계할 뿐 아니라 사물에 관계하는 자기 자신에 대한 반성과 자기대상화를 가능하게 한다. '억제된 욕구'로 규정되는 노동은 자연대상과의 직접적인 관계를 벗어나서 대상을 의식적으로 매개할 뿐 아니라 대상과 관계하는 자기 자신에 대한 의식적 매개를 수행한다. 자연대상은 더 이상 노예를 땀 흘리는 수고에 묶어놓는 존재가 아니라 그에 의해 변형될 수 있는 존재이다. 노동하는 주체는 그에게 낯선 외적 존재를 변형하여 그 가운데 자신을 각인한다. 노예는 노동을 통해 자신을 사물 가운데 대상화함으로써 가공된 사물 속에 구현되어 있는 자기 자신을 직관한다. 이러한 의식의 주체는 더 이상 노예가 아니다. 노동은 의식을 새로운 의식으로 변형하는데, 이 새로운 의식이 곧 주인이다. 여기서 주인과 노예의 관계는 뒤바뀐다.

자기의식의 역사적 전개

그러나 주인과 노예 관계가 역전된다 하더라도, 노예의 의식이 인간의 자유를 궁극적으로 보장해주지는 않는다. 중요한 것은 자유로운 대자존재의 의식을 모든 사람이 획득할 수 있느냐 하는 문제이다. 이 때문에 자기의식의 자유는 이제 현실과의 관계를 벗어나 순수한 사유의 운동이 펼쳐지는 내면성에서 추구된다. 헤겔은 역사적으로 이러한 자유의 상태가 '스토아주의'에서 가장 먼저 나타났다고 생각한다. 스토아주의는 욕구와 노동의 대상을 떠나 내면세계에서 해방과 자유에 도달하려고 한다. 스토아주의의 이상은 초연한 무감동의 경지(Apathie)에 있다. 여기서 자아는 외부세계에 대한 정열과 욕구와 감정으로부터 자유롭다. 스토아주의는 항상 실망과 고통과 긴장을 가져다주는 현실을 벗어나 오로지 내면에 침잠하면서 자유를 누리려고 하는 것이다.

스토아주의는 현실에서 얻지 못한 자유에 대한 마음의 보상이다. 압제와 고통을 벗어나기 위하여 현실에서 수동적으로 물러난 자기의식은 이제 마음속에서 적극적으로 안식과 자유를 얻으려고 한다. 그러나 여기에 스토아주의의 한계가 자리 잡고 있다. 현실을 벗어나 오로지 내면 가운데서 자유를 얻으려는 시도는 이러한 노력과 무관하게 지속적으로 영향을 미치는 현실 앞에 무기력하다. 외적인 현실의 영향을 애써 도외시한다고 해서 현실의 영향이 사라지는 것은 아니며, 오히려 현실과의 괴리가 내적인 안정을 더 해칠 수 있다. 내적인 침잠은 부정적인 현실을 지양할 수 없으며, 오히려 이로부터 더 강한 영향을 받을 수 있기 때문에 실제로는 현실에 다시금 적응할 수밖에 없다. 스토아주의가 봉착하는 자기모순은 이제 새로운 국면으로 나타난다.

자기의식이 경험하는 그 다음 모습은 '회의주의'이다. 회의주의는 스토아주의의 원리인 내면성의 자유가 실현된 것이다. 스토아주의가 부정적인 현실에 대한 소극적인 도피와 내면으로의 침잠이라면, 회의주의는 외적인 현실에 맞서 행사되는 사유의 힘과 부정성이다. 회의주의는 어떠한 명제도 진리로 인정하지 않는다. 그것은 모든 확정적인 규정을 부정하며 모든 것을 상대화한다. 모든 것을 부정하고 상대화하면서 회의주의가 도달하는 곳은 사유의 자기동일성과 비유동성이다. 이것은 회의주의가 동경하는 평정한 마음(Ataraxia)의 상태이지만, 원칙적으로 이 상태는 유지될 수 없다. 회의주의가 범하는 수행적(performativ) 모순 때문이다. 모든 명제의 진리를 부정하는 회의주의는 모든 명제의 진리를 부정하면서 동시에 자신의 옳음을 주장할 수 없는 것이다. 결국 회의주의는 스스로가 문제 삼고 부정한 현실에 노출될 수밖에 없으며 이를 인정하지 않을 수 없다. 외부 현실에 맞서서 자기 자신의 절대적인 확실성을 주장하는 회의주의는 사실상 외부세계에 대한 자신의 무기력과 결합되어 있다. 이것은 회의주의가 피할 수 없는 자기모순이다. 스토아주의에서와 마찬가지로 회의주의에서도 사유의 자유는 현실에 대한 부정이 아니라 현실 적응으로 연결된다.

그렇지만 회의주의는 이러한 자기모순을 확실하게 의식하지 못한다. 회의주의는 아무런 생각 없이 모순에 빠져있는 반면, 새롭게 등장하는 '불행한 의식'은 이 모순을 확실하게 의식한다. 스토아주의와 회의주의가 주인과 노예의 관계에서 드러난 부정적 현실을 도외시하고 내면에 침잠함으로써 자유를 찾으려고 했다면, 불행한 의식은 부정적 현실을 내면 가운데로 끌어들이면서 외적 모순을 내적 모순으로 바꾼다. 이제 모순은 피안으로 투영된 불변적 존재인 신과, 차안에서 구원을 희구하는 가변적 존재인 인간 의식 사이에 일어나는 모순이다. 불행한 의식은 한편으로 불변자인 신을 지향하는가 하면, 다른 한편으로 불변자에 비추어 볼 때 자기 자신을 비본질적인 존재로 고찰할 수밖에 없는 자기의식이다. 요컨대 자기의식의 불행은 무한성으로 고양되려는 의지와 유한성에 대한 자각이 조화를 이룰 수 없다는 사실에 있다.

헤겔은 스토아주의와 회의주의를 고대의 의식 형태로 간주하는 반면, 불행한 의식을 중세 기독교의 의식 형태로 간주한다. 불행한 의식은 유한자와 무한자의 분열과 이로 인한 고통스러운 경험을 전제로 한다는 점에서 불완전한 기독교를 대변한다. 차안에서 피안을 희구하는 신앙은 불완전하다. 현재 속에서 이루어지는 인간적 의식과 신의 통일 내지 유한한 정신과 무한한 정신의 화해는 근대에서 처음으로 성취된다. 그러나 의식은 화해 상태에 이르기까지 앞으로 수많은 정신의 역사를 경험해야 한다. 헤겔에 의하면 완전한 화해는 유한한 정신과 무한한 정신의 자기 내적 관계를 드러내는 계시종교의 형태에서 비로소 성취된다. 불행한 의식의 틀에서 드러나는 기독교와 계시종교의 틀에서 드러나는 기독교는 상이하다. 중세의 기독교와 근대의 기독교는 다른 것이다. 이것은 '불행한 의식'과 '절대정신'의 차이이기도 하다. 『정신현상학』은 계시종교를 '종교' 장에서 서술한다.

이론과 실천을 종합하는 이성의 경험
– 인륜적 개체성의 변증법

이성, 모든 실재에 대한 확실성

  의식의 경험의 학은 이론적 의식의 경험과 실천적 의식의 경험을 거친 후 이성적 경험에 도달한다. 특히 실천적 의식은 다른 개체와의 인정투쟁을 거치면서 너무나도 생생한 자기의식의 확실성에 도달한 바 있다. 『정신현상학』의 논의가 펼치는 다음 단계의 경험은 '의식'과 '자기의식'을 자기 안에 포함하는 '이성'의 경험이다. '이성'은 이론과 실천의 종합을 통해 실재 전체를 경험하려고 한다는 점에서 칸트나 피히테와 같은 이전 철학의 한계를 넘어선다. 양자가 주장하는 이성의 자율성은 이론적이고 추상적인 원리에 머무는 반면, 헤겔의 이성은 실천을 통해 이 원리를 구체화함으로써 스스로를 완성하기 때문이다.

보다 정확하게 말한다면 헤겔에게 이성은 이성적 자기의
식이다. 그는 '이성의 경험'을 현상학적으로 서술하는 가운
데 자기의식을 이성적으로 새롭게 그려내려고 한다. 이성적
자기의식은 '이론적 태도를 취하는 이성'과 '실천적 태도를
취하는 이성'을 통해 규정되며, 이러한 규정은 '개체적인' 자
기의식으로부터 출발한다. '이성' 장의 특징 가운데 하나는
헤겔이 '이성'을 다루면서 '개체성'을 해명하는 데 몰두한다
는 사실이다. 헤겔을 전체적인 관점에서 조망할 때 개체성의
문제는 결코 중심을 차지하지 못한다. 그러나 우리는 여기서
개체성에 대한 헤겔의 특징적인 사유를 접할 수 있다.

헤겔은 그 이전의 철학자들과 달리 이성을 선험적인 능력
으로 전제하지 않는다. 선험적 능력으로서의 이성은 그 자체
가 보편적이며 원리적이지만, 헤겔에게 원리로서의 이성은
추상에 지나지 않는다. 관념론에서의 '이성은 의식이 모든
실재라는 확실성', 즉 모든 실재를 확실하게 파악하는 범주이
다. 그러나 헤겔의 이성 개념은 실재에 대한 반성으로 만족하
지 않으며 이성 자신을 반성하는 데까지 나아간다. 그렇지 않
을 경우 이성은 전임 철학자들에게서와 마찬가지로 전제된
것 이상이 아니게 된다. 따라서 의식은 우선 자기의식이 되어
야 할 뿐 아니라 자신이 곧 실재임을 입증해 보여야 한다. 의

식이 곧 실재라는 사실은 자기 반성적 의식이 실재를 파악함으로써 달성된다. 헤겔이 자주 사용하는 어법을 빌리면 '자아=자아'이면서 동시에 '자아=실재'여야 하는 것이다. 관념론은 이 두 가지가 충족될 때 비로소 완성된다. 헤겔의 이성 개념은 그 이전 철학자들과 달리 한갓 전제된 범주가 아니라 그때마다 실재를 담아내면서 생성되는 범주이다.

이성은 자기 자신과 다른 모든 존재를 자기의식으로 안다. 이성적 자기의식은 존재하는 모든 것에서 자신을 인식한다. 이성의 자기인식에서는 타자와의 긍정적 관계와 부정적 관계가 함께 용해되어 있으며, 과거와 현재가 만나고 역사 속에서 드러난 것과 아직까지 감추어져 있는 것이 접촉한다. 이 모든 관계의 중심에는 이성적 자기의식을 소유한 개인이 자리 잡고 있다. 과거와 현재의 접촉을 자기만의 방식으로 현실화할 수 있는 주체는 근대적 개인이다.

근대적 개인은 항상 사회역사적인 맥락 속에서 파악된다. 근대적 개인은 항상 자기 자신을 파악하려고 하는 반성적 주체인 동시에 자신의 생각을 세계와 삶 속에서 독자적으로 규정하려고 하는 역동적 주체이다. 이러한 맥락에서 개체성은 근대성의 원리이다. 개체성은 주어져 있는 인륜적 삶에 다만 적응하기만 할 뿐 아니라, 그것을 자립적인 힘으로 비판하고 변경하는 힘의 원리이다.

개인의 자립성은 특정한 개인에게서만 확인되는 것이 아니라, 긍정적으로나 부정적으로나 개인과 관계하는 또 다른 개인에게서도 확인된다. 개별적인 의식으로서의 개인은 또 다른 자립적인 개인을 의식하면서 개별적 의식을 넘어서서 보편적 의식의 단계에 도달한다. 개인과 개인의 통합에서 개별적 의식은 보편적 의식에 이른다. 개별적 의식은 자신의 자립성과 현실성을 의식함으로써 상호 주관적인 의식과 보편적 의식에 도달하며, 보편적 의식에서 근대성이 확인된다. 개인의 자립성은 새로운 시대의 원리이다.

이성은 먼저 인식론적 활동성인 '관찰하는 이성'과 자기 자신을 실현하는 '현실적 이성'으로 나뉜다. 일반적인 어법을 따르자면 전자는 이론적 이성이며 후자는 실천적 이성이다. 관찰하는 이성에 대응하는 존재는 자연인 반면, 현실적 이성과 마주하는 존재는 역사적 문화적 공간이다. 여기서는 역사와 문화의 현실에 관계하는 이성의 면모를 개체성의 범주를 중심으로 분석하려고 한다.

개체성으로서의 이성

아무런 전제 없이 의식의 경험을 서술할 때 이성은 먼저 '개별성(Einzelheit)'으로 등장한다. 개별성을 특징으로 하는 존재는 우선 타자에 대해 '배타적인 의식'이며, 이 의식에 대해 타자는 '외적인 실재'에 지나지 않는다. 그러나 개별적 존재는 타자와 지속적으로 남남일 수 없으며 배타적인 관계로 일관할 수 없다. 그는 자신이 타자에 대해 배타적이라는 사실을 의식하기에 앞서서 이미 타자와 결속되어 있기 때문이다. 개별적 의식은 타자 속에서 순수한 타자만 발견하는 것이 아니라 자기 자신도 발견한다. 타자 속에서 자기 자신을 발견한다는 사실에는 이미 인간 일반의 관점이나 정신의 관점이 들어와 있다. 인간 일반의 관점에서 볼 때 개별성은 이미 개별성을 넘어서 상호주관적 특성을 지닌다. 타자에 대한 배타적 의식은 개별적 존재의 일반적 형식에 지나지 않는 반면, 타자와 결속되어 있는 의식은 이 형식에 채워진 특정한 내용이다. 타자와의 실제적인 관계는 텅 비어 있는 개별성의 형식에 구체적인 내용을 채운다. 이와 같이 헤겔은 타자와 실제적으로 관계하는 개별성을 개체성(Individualität)으로 규정한다. 개체성은 개별자를 설명하기 위한 이론적 틀에 그치지 않는다. 그것은 현실과 구체적으로 관계하는 내용 연관적 틀이다. 개체성으로 규정되는 이성은 이미 현실 연관적이다.

개별성이 개체성으로 이행하는 것은 개인이 현실 가운데 자기 자신을 실현하는 것과 뗄 수 없는 관계를 갖는다. 개인은 자기만의 세계를 벗어나서 현실 가운데 자기 자신을 실현하려고 할 때 자기만의 특성을 획득한다. 자기를 실현하는 개인은 결코 형식적인 차원에 머물 수 없다. 그는 오히려 자신을 에워싸고 있는 구체적인 현실과 관계하면서 다른 개인과 구별되는 자기만의 특성을 확보한다. 이러한 자기만의 특성이 바로 이성적인 것이며, 이성적 특성이 곧 진정한 개체성이다. 따라서 자기만의 특성은 결코 타자나 외부세계로부터 부가될 수 없다. 자기만의 특성은 현재의 현실에 대한 새로운 관계에서 획득되며, 이러한 관계를 다시금 반성하는 새로운 자기 관계에서 재확인된다. 자기만의 특성은 외부 세계나 타자의 힘으로 형성되는 것이 아니라 현실과의 외적 관계를 자기 관계로 변형시킬 때마다 늘 새롭게 형성된다. 그러므로 새로운 자기 관계는 아무런 내용이 매개되지 않은 형식적 자기 관계일 수 없으며 그때마다 구체적인 현실이 매개된 내용적 자기 관계이다.

구체적인 현실의 내용을 그때마다 자기 안으로 편입하는 개인은 자기 자신의 정체성을 늘 새롭게 확인하는 이성적 주체이다. 이러한 연관에서 볼 때 개체성으로서의 이성은 항상 현재적으로 자기 자신을 확인하는 활동성이면서, 늘 새롭게 변신하는 자기정체성이다. 자기정체성은 늘 현실과의 관계에서 확인되는 것이기 때문에 추상적이거나 형식적인 것에 그칠 수 없다. 이성적인 자기정체성은 그때마다 다른 얼굴로 다가오는 현재의 현실 속에서 자기 자신을 늘 새롭게 발견한다는 점에서 내용 연관적이며 생동적이다. 따라서 현재의 현실과 직접적으로 관계하지 않는 개인은 진정한 자기정체성을 형성할 수 없을 뿐만 아니라 자기정체성을 상실하면서 급기야 밀어닥치는 현실의 물결 속으로 사라질 수 있다.

여기서 중요한 문제로 떠오르는 것은 현실이다. 현실은 결코 무시될 수 없으며 무시되어서도 안 되는 이성적 주체의 상관자이다. 헤겔은 이성적 개인의 현실 연관을 인륜성의 문제로 파악한다. 보다 정확하게 이야기하면 이성적 개인이 관계하는 현실을 '인륜성'의 틀에서 설명하는 것이다. 인륜성은 인간과 무관하게 존재하는 가치중립적 대상이 결코 아니며, 구체적인 인간에 의해 형성되며 그를 새롭게 형성하는 이성적 주체의 상관자이다. 그런데 인륜성은 현실의 정신으로서 개인에게 영향을 끼치고 그를 지배하는 힘일 수 있는가 하면, 이와 반대로 개인에 의해 파악되면서 새로운 모습으로 탈바꿈하는 정신적 생산물이기도 하다. 전자가 고대의 특징이라면 후자는 근대의 표지이다.

헤겔은 고대를 "아름다운 민족의 세계"나 "진정한 덕의 세계"로 설명하기도 한다. 이러한 민족과 덕은 그 시대를 살아가는 사람들에게 부가되는 것으로서 사람들을 그 틀에 묶어놓는다. 대표적인 사례가 그리스의 폴리스이다. 폴리스에 속한 고대인은 아직 이성적인 단계에 이르지 못한 의식, 자립적이고 반성적인 상태에 도달하지 못한 의식을 소유했다. 사회정치적 공동체는 비자립적인 개인에게 영향을 끼칠 뿐 아니라 아예 그 자체의 기준으로 개인을 형성한다. 따라서 고대의 인륜성이 아름답고 진정한 모습으로 규정돼도 그 가운데 자립적 개체는 존재하지 않는다.

근대인에게 고대의 인륜적 삶은 과거이며 이미 오래전에 상실된 삶이다. 이런 점에서 헤겔은 근대를 단절적 경험의 시대로 파악한다. 그러나 단절적 경험은 결코 자기충족적인 것이 아니다. 이것은 상실된 인륜적 삶이 완전하지 않은 것과 마찬가지이다. 비록 상실되기는 했지만 고대의 인륜성은 긍정적인 요소를 포함하고 있으며, 이 때문에 고대는 근대의 지성인에게 동경의 대상이었다. 여기서 상실된 인륜성은 회복을 필요로 하는 삶의 토대로 확인된다.

그러나 상실과 회복의 중추는 더 이상 현실을 지배하는 인륜성이 아니다. 그것은 현실로부터 영향을 받으면서 현실을 변화시킬 수 있는 자립적 개인이다. 이성의 특징은 바로 이러한 개체성에서만 확인된다. 그래서 헤겔의 이성은 자연과 세계를 파악하는 이론적 원리로 전제된 것이 아니며 도덕적 명령을 내리는 실천적 원리로 전제된 것도 아니다. 이성은 현실과 관계하면서 자신을 돌아보고 현실을 다시금 살펴보는 자립적 개인의 역동적 활동성이다. 이런 점에서 이성은 단순히 추상적이고 사변적인 활동성이라기보다 역사적이고 문화적인 맥락 속에서 자립적으로 작용하는 활동성이다. 이성을 개체성으로 파악하는 헤겔의 진면모는 개인을 현실 속에서 이성적으로 활동하는 주체로, 즉 근대의 자립적 주체로 규정한 데서 분명하게 드러난다. 이성은 세계와의 관계를 주도하는 자기의식적인 주체성이다. 따라서 이성적 자기의식은 인륜적, 정신적 삶의 중심점이다.

자립적 개인의 자기실현

이성적 자기의식은 자립적 개인으로서 현실 속에서 자기를 실현하려고 한다. 그는 자신이 만들어내는 현실이야말로 진정한 현실이라는 확신을 갖고 있다. 진정한 현실은 주어진 현실이 아니라 이성적 자기의식에 의해 구현된 현실이다. 따라서 이성적 자기의식의 매개를 거치지 않은 기존의 학문과 도덕법칙은 그 자체가 아무런 생동성을 지니지 못한 것으로서 이성적 자기의식의 영역에서 사라져야 한다. 자립성의 의식이 지배하지 않는 세계는 이성적 개체에게 아무런 의미를 지니지 못한다. 헤겔은 이와 같은 자립적 개체성을 '욕망' '마음의 법칙' '덕'의 형태로 전개한다.

자립적 개체성의 첫 번째 형태는 '욕망'과 '쾌락'이다. 욕망하는 개인은 우선 욕망의 충족을 통해 자기 존재의 목적에 도달하려 한다. 그러나 만족하고 향유하는 개인도 완전한 긍정성에 이르지 못한다. 그는 자신의 욕구를 충족하는 가운데 오히려 부정성을 경험한다. 향유하는 개인이 경험하는 부정성은 욕구 충족 뒤에 아무 것도 남지 않는 세계의 공허함이다. 그에게 세계는 더 이상 아무런 의미가 없는 공허한 세계이다. 그의 욕구는 세계와 대상을 소비하고 절멸하는 힘에 지나지 않는다. 따라서 욕구하는 개인은 현실 가운데 자신을 실현하는 형태 가운데서 가장 빈약한 형태로 드러난다. 개인의 자기실현은 자기만족을 넘어서지 못한다. 자기만족의 단계를 넘어서지 못한 개인에게 현실은 실제로 '필연성'과 '운명'으로 다가온다.

욕망하는 개인은 그 자체가 이성적 개인인 한에서 단순한 욕망과 욕망 충족의 사이클을 넘어서려고 하며 자기 자신을 이성적 현실 가운데서 재발견하려고 한다. 단순한 욕망 충족의 대상은 소비와 소모의 대상이라는 점에서 자신의 자립성을 보존하고 있는 이성적 현실과 구별된다. 이성적 개인은 단순한 욕망의 주체를 넘어서는 존재이기 때문에 자신과 같이 자립적이고 이성적인 또 다른 주체 가운데서 스스로를 재확인하려고 한다. 이성적 개인에게 대응되는 현실은 상호주관적이며 사회적인 현실이다. 개인에게 이성적인 전제가 있다면, 그것은 개인이 자신과 조화를 이루는 현실 가운데서 스스로를 실현할 수 있다는 것이다. 요컨대 이성적 개인의 욕망은 상호주관적 현실과의 이성적 통합에 있다. 이성적 개인의 욕망 충족은 자기 자신과 똑같이 자립적으로 현상하는 타자의 식 가운데서 스스로를 실현할 때 성취된다.

욕망의 충족이 개인의 한계를 벗어나서 타자와 하나가 되는 데 있다면, 개인과 개인의 욕망 충족 사이에 모순이 발생한다. 개인은 애당초 타자와의 경계 유지에서 존립하는 반면, 욕망의 충족은 타자와의 통합에서 성취되기 때문이다. 개인은 욕망을 통해 현실 속에서 자신을 실현하려고 하지만, 실현된 욕망은 어느덧 개인의 개별성을 넘어선다. 여기서 개인은 자신의 자립성을 상실한다. 이것은 쾌락주의에 대한 헤겔의 평가이기도 하다. 개인이 자립성을 상실하는 것은 여기서 끝나지 않는다. 욕망으로 결속된 사랑하는 사람들의 관계는 아무런 법칙에 기반을 두지 않는다는 점에서 법칙과 질서에 근거하는 기존 사회와 부딪칠 수밖에 없다. 기존 사회의 규범과 질서와 법칙은 욕망을 통해 타자와 결속되려고 하는 개인의 노력을 인정하지 않는다. 괴테의 『파우스트』 1편에 나오는 파우스트와 그레첸의 관계가 이를 잘 대변한다. 쾌락을 추구하는 파우스트의 의식은 삶을 택하지만 그가 선택한 삶은 결국 죽음과 비극으로 이어진다. 욕망과 쾌락에서는 끝없는 자기상실과 자기해소만 있을 뿐이다.

욕망하는 개인에게 사회적 질서는 도무지 파악되지 않는 필연성과 운명으로 다가온다. 필연성으로서의 사회적 질서는 개인이 이성적으로 접근할 수 없는 영역이다. 개인의 개체성은 필연성 앞에서 여지없이 깨진다. 필연성은 개인의 개체성과 무관한 보편성이며 개인에게 파악되지 않는 부정적 운명이다. 파우스트가 좌절할 수밖에 없었던 도덕과 법칙도 바로 이러한 부정적 보편성이다. 욕망하는 개인은 욕망을 통해 하나가 된 타자와 관계하는 가운데 본래의 자신을 상실하는가 하면, 나아가 기존 사회의 질서로부터도 유리된다. 욕망의 매개를 통해서는 더 이상 개인의 이성적 자립성이 유지될 수 없다. 진정한 이성적 자립성은 사회로부터 소외된 개인의 자기극복 과정에 내맡겨져 있다.

자립적 개체성의 두 번째 형태는 '마음의 법칙'이다. '욕망'을 통해 자신을 실현하려는 노력이 현실에 대한 개별적이고 경박한 태도라면, '마음의 법칙'은 훨씬 진지하고 보편적인 태도이다. 현실에 대한 개인의 진지한 태도는 자기지식이나 자기규정과 같은 개인의 자기인식에 토대를 두고 있다. 개인은 아무런 생각 없이 즉흥적으로 현실과 관계하는 것이 아니라 자기 자신에 대한 진지한 해석에서 자신과 대립하는 현실의 질서를 강제적인 것으로 파악하고 이것에 맞섬으로써 '인간성의 번영'을 추구한다. 여기서 인간성과 동일시되는 것이 바로 '마음의 법칙'이다. 마음의 법칙은 그것이 법칙인 한에서 그때마다 일어났다 사라지는 우연적이고 개별적인 것이 아니라 개인적인 자기의식 속에 깃들어 있는 보편적인 것이다. 개인은 마음의 법칙을 실현함으로써 이것에 맞서 있는 필연적 현실을 변화시키려고 하며, 이를 통해 진정한 인간성의 상태에 도달하려고 한다. '마음의 법칙'이 개인적인 의도를 달성하는 데 만족하지 않고 인간성의 번영에 관심을 기울이는 것이야말로 '욕망'의 경우와 가장 크게 구별되는 점이다.

그러나 이성적 개인이 마음의 법칙을 통해 자기 자신을 실현하려는 곳에도 모순이 등장한다. 이 모순은 자신을 현실 가운데 실현하려고 하는 '내적 확신'의 특수성과 '법칙'의 보편성 사이에서 발생한다. 내적 확신은 마음의 법칙에서 나온 것임에도 불구하고 어쩔 수 없이 개별적인 것에 지나지 않는 반면, 법칙은 현실 속의 다른 개인에게도 적용되는 보편적인 것이다. 자발적인 자기실현이 법칙을 포함하고 있는 한, 그것은 동시에 공적인 질서를 고려하고 이를 수용해야 한다. 그렇지 않다면 한 개인이 자신의 법칙을 관철하는 것은 다른 개인의 법칙을 유린하는 결과로 이어질 수 있다. 그러므로 개인은 단순한 욕망을 넘어서는 마음의 법칙을 소유한다 할지라도 그에게 현실적으로 영향을 끼치고 있는 질서를 도외시해서는 안 된다. 현실은 결코 죽은 현실이 아니기 때문이다. 사회적 질서의 필연성을 고려하지 않는 개인은 자기 고유의 목표달성은커녕 자체의 존립도 위협받을 수 있다.

내적인 확신은 현실의 질서와 부딪치면서 반전된다. 현실에 맞서서 자기를 실현하려는 마음의 법칙은 그가 맞섰던 현실이 되고, 현실의 질서는 개인의 사회적 실현으로 전도된다. 따라서 현실의 질서를 무시하고 자신의 내적 확신만을 고수하는 사람은 현실 가운데 보존되어온 기준마저 무시하는 '광기'에 빠지며 전혀 비현실적이고 공허한 '자만'에 휩싸인다. 광기에 빠지지도 않고 자만하지도 않은 개인은 이제 마음의 법칙과 현실 질서의 조화를 중요한 과제로 받아들인다. 현실 가운데 뜻을 펼치려는 개인의 노력과 무관하게 진행되는 것으로까지 보이는 '세계운행'은 더 이상 개인에 의해 극복되어야 할 대상이 아니다. 개인의 '덕성'은 개인과 현실의 조화에서만 언급될 수 있다. 이것은 곧 특수와 보편의 조화이다.

덕성을 갖춘 개인은 자기만의 특수성을 고집하지 않으며 자신의 행위가 현실과 조화를 이루게 한다. '욕망'을 실현하려는 개인은 현실과 맞서며, '마음의 법칙'을 소유한 개인은 현실과 대립적인 방식으로 통합되어 있다면, 덕성을 갖춘 개인은 현실과 완전하게 통합되어 있다. 이 통합에서 개인은 수동적인 역할을 감당하는 것으로 그치지 않는다. 오히려 개인은 세계의 운행을 새롭게 변형하며 그 가운데서 이성적 질서를 각인한다. 역사 속의 이성은 개인의 이성적 행위를 통해 이루어지므로, 이성의 역사와 개체성의 원리는 서로 뗄 수 없는 관계 속에 있다.

인류과 문화의 경험
─양심의 변증법

객관정신의 현상학, 인류성에서 도덕성으로

　'이성'의 경험은 '정신'의 경험으로 넘어간다. 헤겔이 말하는 '정신'은 '이성'의 다른 이름이다. 그러나 이성과 정신은 다음과 같이 구별될 수 있다. 이성은 자신이 모든 실재라는 '확실성'인 반면, 정신은 이 확실성이 '진리'로 고양된 것이다. 자신이 모든 실재라는 확실성의 주체가 스스로를 세계로 의식하고 세계를 자신으로 의식할 때 이성은 정신의 지평에 들어선다. 정신은 내면성과 현실 양자에 걸쳐 있는 활동성으로서, 한편으로는 자기 자신을 반성하며 다른 한편으로는 현실을 반성한다. 정신의 운동 영역은 내면만이 아니라 실제적인 삶과 현실 일반을 포함한다.

일상적으로 쓰이는 '한국인의 정신' '우리 대학의 정신'이라는 표현에서도 정신은 개인의 내면적 활동만이 아니라 현실을 지배하고 있는 삶의 척도까지 지시한다. 개인의 반성에 앞서 역사적으로 주어져 있는 정신은 '인륜성(Sittlichkeit)'이다. 각각의 민족은 고유한 인륜성을 지니고 있으며, 이것은 해당 민족의 정신을 규정한다. 정신은 개별 민족의 인륜적 삶이다. 정신이 구체적인 삶과 뗄 수 없는 관계라는 사실은 헤겔의 사유가 구체적이며 현실적인 것이라는 사실을 잘 보여준다. 개인은 삶의 주체이면서 동시에 삶의 상황에 내맡겨져 있다. 그에게 주어져 있는 삶의 상황은 회피할 수 없는 그만의 고유한 세계이며, 세계는 그의 삶을 지배한다. 인륜성은 삶을 에워싸고 있는 정신적 세계이다. 헤겔은 "직접적인 진리"로서 삶에 주어져 있는 인륜성을 고대의 정신으로 간주한다.

고대의 정신은 개인의 실제적인 삶을 지배하는 인륜성이다. 개인의 의식은 인륜성에 대립하지만 결국 이 정신을 향해 나아가야 한다. 그리스 폴리스의 인륜성은 '개인과 법칙의 통일성'으로서 만인의 행위의 출발점이며 근거와 목표이다. 로마의 법은 개인의 판단과 무관하게 주어져 있는 행위의 보편적 기준이다. 이 법은 행위의 주체인 개인에게 여전히 추상적이다. 이러한 추상적인 법은 중세에 이르러서 이승과 저승을 분리하는 세계관을 만들어 낸다. 자기의식을 다룬 2장에서 분열된 세계에 대한 의식을 '불행한 의식'으로 규정한 바 있다.

고대의 인륜적 정신에 반해 근대의 정신은 모든 것을 내면성을 통해 규정하는 활동성이다. 내적인 척도는 고대의 인륜성이 부과하는 개인과 법칙의 통일성을 깨뜨린다. 이러한 통일성의 해체는 정신 자체의 해체를 불러오기보다 정신의 진보를 이룬다. 이것은 통일성을 무의식적으로 받아들이는 상태로부터 그것을 아는 상태로 이행하는 것이다. 개인의 판단과 무관하게 바깥에서 주어졌던 '실체적 인륜성'은 이제 개인의 의식 속에서 재구성된 '주체적 정신'으로 변한다. 여기서 정신의 분열이 발생한다. 이것은 외부에서 주어진 즉자적 정신과 자각하는 반성적 정신의 분열이다. 이러한 분열을 통해 정신은 자기 자신에 대한 지식에 이른다. 정신의 진보는 삶을 지배하는 무의식적 통일성의 해체와 재구성에서 성취된다.

근대는 정신의 진보가 획기적으로 달성된 시대이다. 헤겔은 근대의 정신을 '소외된 정신'으로 규정한다. 정확하게 말하면 소외된 정신은 '자기 자신을 실체로부터 현실로 외화시키는 정신'이다. 실체에서 분리된 정신은 실체를 독자적인 방식으로 '형성한다(bilden)'. 새롭게 형성된 실체는 개인의 고유한 삶과 현실로 나타난다. 헤겔은 소외된 정신의 특징을

'교양'과 '문화(Bildung)'로 규정한다. 개인은 '교양'과 '도야'를 통해 자기만의 현실을 가지며 그 현실의 타당성을 주장할 수 있다. 개인을 통해 타당성을 얻게 된 새로운 현실은 곧 새로운 '문화'이다. 이런 의미에서 독자적인 방식의 문화는 근대에서 비로소 출발한다고 말할 수 있다.

소외된 정신은 원래 하나이던 실체로서의 정신이 둘로 나뉜 상태를 말한다. 정신이 둘로 나뉨으로써 정신에 의해 설명되는 세계도 둘이 된다. 정신은 한편으로 각박한 현실 속에서 '교양과 문화의 나라'를 이루며, 다른 한편으로 순수한 사상으로 이루어진 '신앙의 나라'를 이룬다. 교양의 나라는 계몽정신이 이룩한 현실의 세계인 반면, 신앙의 나라는 현실 세계에서 고양된 순수한 의식의 세계이다. 교양의 나라가 이승이라면, 신앙의 나라는 저승이다. 신앙은 현실 세계에서의 도피인 한에서 진정한 의미의 '종교'가 아니다. 신앙의 나라에는 현실의 원리가 결여되어 있으며 개별자의 구체적인 자기 확실성도 존재하지 않는다. 이와 마찬가지로 교양의 나라에는 현실을 가능하게 한 근원존재나 즉자존재가 결여되어 있다. 두 나라는 서로에게 소외되어 있기 때문에 불완전하다. 정신의 분화 이전에 실체로 존재했던 전체는 아직 통일적인 주체로 이행하지 못했다.

이러한 통일을 성취할 후보자로 나선 것은 '계몽' 정신이다. 계몽은 초기 근대의 정신을 대변한다. 계몽의 다른 이름은 '순수 통찰(reine Einsicht)'이다. 순수 통찰은 모든 대상에서 대상성을 제거하고 그 가운데서 자기를 발견하려는 정신이다. 순수 통찰은 모든 것에서 자기 이외의 것을 찾지 않는다. 그것은 그 자체로 존재하는 즉자존재를 자신과 관계하는 대자존재로 변경한다. 순수 통찰은 자기 자신을 파악하는 자기라는 점에서 교양과 문화를 완성한다. 자신에 의해 형성되는 세계의 완성은 순수 통찰의 이념에 부합하기 때문이다. 순수 통찰의 특성은 현실을 초월하는 신앙의 세계까지 자기에게로 끌어오려고 한다. 말하자면 초월적 세계의 극단적 소외를 추구한다. 이러한 부정적 활동성을 통해 계몽과 순수 통찰은 모든 존재를 자신의 대상으로 삼고, 이를 자신에게 유용한 것으로 변경한다. 계몽이 소유하는 현실은 모든 실체성을 상실한다. 실체성을 상실한 현실은 이승이든 저승이든 상관없이 이미 몰락한 현실이다. 몰락한 현실이 가져다주는 것은 '절대적 자유'이다.

고대의 인륜성에 의해 지배받기만 하던 개인이 자신이 형성한 문화와 자기 도야를 통해 도달하는 지평은 '자유'이다. 자유를 추구하는 개인의 의지는 궁극적으로 보편의 의지를 목표로 하며 자아와 세계의 완전한 일치를 달성하려고 한다. 절대적 자유의 상태에서는 세계가 곧 나의 의지이며, 나의 의지는 곧 보편적 의지이다. 절대적 자유에서는 개별의지가 곧 보편의지이다. 그러나 절대적 자유는 모든 것을 파괴하고 죽음에 이르게 한다. 헤겔은 절대적 자유와 공포를 논하면서 프랑스혁명을 염두에 뒀다. 절대적 자유의 작품은 죽음밖에 없다. 이것은 모든 구별을 절멸시키는 극단적인 부정성이다. 이러한 부정성을 직관할 때 공포를 갖게 되는 것은 당연하다. 절대적 자유의 이면은 죽음과 공포이다. 이로써 계몽주의가 갖는 자유의 이념은 몰락한다.

절대적 자유를 통해 모든 현실은 정신적인 것으로 변하며 소외된 정신은 자기 자신으로 완전히 복귀한다. 여기서 세계는 더 이상 교양의 세계가 아니라 내면성의 세계가 된다. 헤겔은 하늘과 땅의 통일 또는 저승과 이승의 통일이 절대적 자유를 통해서가 아니라 내면성의 운동을 통해 성취되어야 한다고 생각한다. 하늘이 땅으로 임하는 사건은 교리적인 가르침으로 바깥에서 부과되는 것이 아니라 내면성에서 일어나야 한다. 이승과 저승의 내적 통일은 도덕성에서 시작한다. 도덕성은 스스로를 본질성으로 파악하고 본질성을 실제적인 자기로 파악하면서 모든 것을 자기 안에 끌어들인다. 여기에는 더 이상 이승과 저승의 나눔이 없다. 이것은 자기 자신을 확신하는 정신인 양심이다. 양심에서 절대정신은 사상의 추상성을 벗어나 현실 속에서 작동하는 실제적인 자기의식이 된다.

요컨대 『정신현상학』의 '정신' 장은 의식의 현상학을 넘어서서 '객관정신의 현상학'을 펼치고 있다. 대상에 대한 의식화의 문제를 넘어서서 세계와 일체가 된 정신을 묘사하고 있다. 이런 점에서 '정신' 장은 진정한 인륜성과 현실성에 대한 메타 역사적 분석으로 간주될 수 있다. 그리스의 인륜성에 나타난 비극적인 경험과 운명의 경험, 프랑스혁명이 가져다준 공포의 경험은 진정한 세계를 향해 나아가는 도정에서 불가피한 부정적 경험이다. 올바르지 못한 삶의 경험과 이를 극복할 수 있는 이념의 긴장이 지속되고 있는 것이다.

칸트의 도덕성 비판과 야코비 수용

프랑스혁명에 대한 비판으로 마감된 '소외된 정신'은 이제 '도덕성'과 '양심'에 대한 논의로 이어진다. 일반적으로 양심은 도덕적인 세계 이해가 도달할 수 있는 최고점으로 이해된다. 양심의 판단은 모든 의무와 법칙의 준거가 되며 여기서 구체적인 행동지침이 마련되기 때문이다. 자유로운 양심의 행위가 자연의 최종목적이라는 주장도 이런 맥락에서만 이해될 수 있다. 양심은 주어져 있는 자연에서 자발적인 정신으로, 필연성에서 자유로, 타율성에서 자율성으로 나아가는 방향성을 보여주는 최종점이다. 따라서 내적인 확신에서 나오는 양심의 행위는 행위 주체인 개인에게 타당할 뿐 아니라 타인에게도 인정받을 수 있다는 전제를 갖고 있다. 도덕성의 최고점 또는 자율성의 최고점은 이미 개별성과 보편성을 통일한 상태로 간주되기 때문이다.

그러나 양심에 대한 헤겔의 서술은 전통적인 도덕과 법칙의 '실정성(Positivität)'을 비판하는 것에서 출발한다. '실정성'은 구체적인 행위 기준과 무관하게 보편성의 이름으로 고착화되어 있는 행위의 기준을 의미한다. 비판의 화살은 그 누구보다 칸트를 향한다. 칸트의 양심 개념의 요체는 현실 초월성과 보편성에 있다. 양심은 개인의 임의적인 결심에 좌우되지 않으며 현실의 조건에 영향을 받지 않는다는 것이다. 그러나 헤겔은 활동의 주체가 언제나 구체적인 현실의 조건 속에 있다는 사실을 중시한다. 이러한 관점에서 보면 칸트의 양심 개념은 행위 주체에게 영향을 끼치는 현실을 전혀 고려하지 않는다. 구체적인 상황에 놓여있는 행위 주체의 기준을 초월하는 양심은 추상적이며 공허하다. 도덕 법칙은 행위의 보편적 기준을 표방하지만 실제로 행위에 나서야 할 개인을 이러한 기준에 따라 행동하게 할 능력이 없다. 개인에게는 이 법칙이 여전히 추상적이기 때문이다. 도덕적 행위는 법칙과 행위 주체 간의 상호관계 없이는 구체화될 수 없다. 이것은 보편과 개별 상호 간에 일어나는 운동이다.

보편성을 강조한 나머지 개별성과 구체성을 간과한 칸트의 한계를 극복하기 위해 헤겔은 야코비F.H. Jacobi를 적극적으로 수용한다. 헤겔이 야코비에 대해 비판적이라는 주장은 철학사적 연관을 일면적으로 파악한 것이다. 일반적인 이해와 달리 헤겔은 야코비를 적극적으로 수용함으로써 칸트를 극복할 수 있는 구체적인 토대를 마련한다. 야코비에게 개별성은 늘 보편성으로 수렴되기만 하는 하위 개념에 그치는 것이 아니라 보편성을 진정한 보편성으로 만들어주는 보편성의 짝이다. 이러한 모습은 양심에 대한 논의에서 가장 분명하게 나타난다. 야코비의 소설 『볼데마르Woldemar』에 언급된 (주인공 개개인의) 양심의 운동은 진정한 선의 상태를 향해 나아가는 도덕적 의식의 경험 과정을 잘 보여준다. 이것은 헤겔에게 '행동하는 양심'과 '판단하는 양심' 사이의 변증법적 운동으로 수용된다. 양심은 현실 초월적 지평에서 늘 동일한 모습을 유지하기보다 현실과 관계하는 행위 주체의 내적인 모순을 거쳐 극복에 이르는 운동 과정이다.

이 운동의 출발점은 선에 대한 확고한 자기 확신이다. 이 확신은 자기 자신에 대한 직접적 지식으로서 자신을 순수한 보편과 의무로 아는 의식이다. 이러한 자기지식에는 '자기동일성' 이외에 다른 규정은 존재하지 않는다. 양심에게 대상성과 외면성은 중요하지 않다. 그에게 유일하게 중요한 것은 자기동일성이다. 양심의 자기동일성은 외적인 행위에 근거하는 것이 아니라 자기 자신이 의무에 부합한다는 자기 확신에 근거한다. 이러한 확신은 우선 자신의 내면에서 우러나서 표현되며, 표현된 것은 다시금 자기 자신으로 되돌아온다. 이것은 양심의 목소리이다. 양심의 목소리는 마음에서 우러나서 다시금 마음으로 되돌아온다. 이렇게 자신의 순수성을 지키려고 하는 절대적 내면성은 낭만주의자들에 의해 '아름다운 영혼(schöne Seele)'으로 불린 바 있다. 아름다운 영혼은 정신의 순수한 내적존재에 대한 지식이며, 자신의 내면에서 신적인 것을 바라보는 자기직관이고, 내면에서 신의 목소리를 알아듣는 '도덕적 천재성'이다. 이것은 이성적 존재의 자기직관과 다르지 않다. 아름다운 영혼은 모든 욕구와 관심을 순수한 이성적 행위를 위해 준비시키기 때문이다.

아름다운 영혼으로 규정되는 양심은 선의지로 규정되는 양심과 상이하다. 칸트가 대변하는 선의지로서의 양심은 개별 인간 위에서 그에게 선과 의무를 부과하고 명령하는 보편자인 반면, 낭만주의자들이 규정하는 아름다운 영혼은 선의 구현을 위해 스스로를 개별화하는 보편자이다. '개별자 위의 보편자'가 '스스로를 개별화하는 보편자'로 변화한 것은 사유의 의미심장한 진전이다. 이제껏 분리되어 있던 도덕성과 인륜성이 서로 관계를 맺게 된 것이다. 구체적으로 말해서 양심은 의무의 행위에 대해 심사숙고하는 최종 심급에 그치는 것이 아니라 도덕 일반과 법의 타당성을 입증하는 근거로 기능한다. 도덕성과 인륜성의 상호관계는 스스로를 개별화하는 보편자 없이 성취될 수 없다.

그러나 아름다운 영혼으로 규정되는 양심은 자신의 내면성만을 절대화하는 오류를 범할 수 있다. 아름다운 영혼의 한계는 정신이 내면성에 머물러 있다는 점이다. 내면성은 타자와의 관계를 고려하지 않는다는 점에서 추상적인 보편성에 머물 뿐 아니라 이를 완고하고 강퍅하게 고수한다. 다른 사람이 받아들이든 거부하든 상관없이 자신이 믿는 보편성을 타인에게 요구하고 관철하려고 하는 것이다. 타인의 판단과 무관하게 개인의 내면성만을 고수하는 사람은 결국 거짓말하는 사람이며 보편자 자체를 기만하는 무신론자가 된다. 이것은 상대를 무시하고 자만에 빠져 있는 주관성이 보여주는 전형적인 오류이다. 아름다운 영혼은 자신의 완고함에서 벗어날 때 진정으로 아름다우며, 완고한 주관성은 상대를 인정할 때 진정한 주관성으로 거듭날 수 있다. 아름다운 영혼의 본질은 상대를 인정하는 상호주관적 영혼이 될 때 비로소 달성된다. 이러한 관점에서 보면 노발리스에 의해 '신적인 창조력'으로까지 높이 평가된 양심도 개인의 임의적인 결심에 지나지 않을 수 있다. 양심에는 보편성도 공동체성도 상호주관성도 없다는 것이다.

따라서 아름다운 영혼과 신적인 창조력은 내면성에서 현실로 외화外化되어야 한다. 이 둘은 자신이 직관한 신적인 내용에 머무는 데서 한걸음 더 나아가, 이를 현실 가운데 구현해야 한다. 내면성이 소유한 신적인 상태를 현실 가운데 구현하는 주체는 더 이상 아름다운 영혼을 가진 '실체적 개인'이 아니라 아름다운 영혼을 타자와 나누는 '관계적 개인'이다. 헤겔은 아름다운 영혼을 가진 사람들이 서로를 인정하는 현실 가운데 절대정신이 현존한다고 주장한다. 서로를 인정하는 양심의 주체는 결국 절대정신의 삶을 관철한다. 절대정신의 삶을 관철하는 것은 단순히 신적인 것을 직관하는 데 그치지 않고, 이를 현실 속에서 구체적으로 구현한다. 구체적이며 현실적인 행위로 나타나는 양심의 상호관계는 절대정신의 공동체를 앞당겨 건설한다. 여기서 절대자는 부동의 상태에 머무는 영원한 존재가 아니라 현실 가운데서 작용하고 현실을 변화시키는 구체적 보편자가 된다.

행동하는 양심과 판단하는 양심의 변증법

내면성으로서의 양심 또는 스스로를 신적 존재로 고양시킨 극단적 주관성으로서의 양심은 이제 상호 인정하는 양심 또는 상호주관성으로서의 양심으로 이행한다. 이것은 헤겔이 야코비로부터 물려받은 사상의 유산이다. '양심의 변증법'은 이제 '행동하는 양심'과 '판단하는 양심'의 관계로 나타난다. 이것은 양심의 실천적 측면과 이론적 측면의 관계이기도 하다.

우선 행동하는 양심은 행위 주체의 개인적 확신에 따라 행동한다. 이때 개인은 당연히 자신의 행위기준이 현실에서 통용되고 있는 그 어떤 행위규칙보다 상위에 있음을 확신한다. 언제든지 양심에 따라 행동해야 한다고 생각하는 사람들로 이루어진 집단은 행동하는 양심의 요구를 인정하지 않을 수 없다. 그렇지 않을 경우 양심에 따른 자신의 행위를 타자에게 요구할 수 없기 때문이다. 그러나 행동하는 양심 자체가 개인적인 확신에 근거하고 있다는 사실은 이것을 무조건적으로 수용해서는 안 된다는 사실과 만난다. 행동하는 양심의 요구는 그 자체가 선하고 도덕적일 수 있지만 그것이 보편성에 맞서는 경우 아예 도덕적이지 않으며 심지어 사악할 수도 있다.

행동하는 양심은 자기 확신에 차 있을 뿐 아니라 자기 자신을 위해 존재할 뿐이라는 점에서 개별적 양심이다. 이 양심은 특수하게 규정된 자신의 행동을 통해 의무의 보편성에 부합하지 못하며 오히려 이 보편성에 대립한다. 이러한 모습은 결국 의무 일반에 대립할 뿐 아니라 다른 사람의 개별적 행동에도 대립한다. 행동하는 양심은 선에 대한 확신에서 출발하지만, 이것이 개인적 확신에 그치고 다른 사람들의 확신을 배

척하며 자기 기준만을 보편성으로 고수할 경우 '사악'과 '위선'에 떨어진다. 개별성에 지나지 않는 것을 아무런 근거 없이 보편성으로 주장하는 것은 사악과 위선이다. 이 사실은 행동하는 양심을 평가하는 판단하는 양심에 의해 분명하게 드러난다. 행동하는 양심이 갖는 보편성에 대한 확신은 다른 행위 주체와 매개되지 않을 경우 보편성에 맞서는 개별성으로 전락한다. 개인적 확신의 패러독스는 이러한 양면성에 있다. 따라서 행동하는 양심은 자신의 내적 확신으로 만족할 것이 아니라 그 자체가 표출됨으로써 다른 사람에 의해 인정되어야 한다. 양심은 선험철학적으로 전제된 고결한 의식이 아니라 다른 사람에 의해 실질적으로 인정되는 의식이다.

야코비와 헤겔은 '행동하는 양심'에 '판단하는 양심'을 대비한다. 판단하는 양심은 선을 실천하지는 않으면서 다른 사람의 행동하는 양심을 판단한다. 판단하는 양심은 다른 사람의 행위를 판단한다는 점에서 보편적인 도덕의식으로 규정된다. 여기서 판단하는 양심에 붙어 있는 '보편적'이라는 수식어는 판단의 결과가 아니라 판단의 단초이다. 모든 판단은 보편적 조건을 전제로 한다. 그러나 판단하는 양심은 스스로 선을 행하지 않으면서 다른 사람의 행위를 판단한다는 점에서 추상적이며 비현실적이다. 판단하는 양심은 자신의 보편적 판단을 구체화하지 않으며 이 기준을 가지고 다른 사람과 대화하지 않는다. 그는 자신의 내면성에 빠져 있으면서 다른 사람의 행동을 판단할 뿐이다. 그는 자신의 내면성이 지니는 도덕적 이상의 순수성을 견지하기 위하여 자기 밖으로 외출하지 않는다. 이것은 헤겔이 비판하는 아름다운 영혼의 특징이기도 하다. 더 나아가 판단하는 양심은 스스로 의무를 실천하는 대신 행동하는 양심을 자신의 잣대에 의해 판단하기 때문에 사악하고 위선적이다. 판단하는 양심은 행동하는 양심에 대한 자신의 평가가 곧 보편적인 평가라는 잘못까지 저지른다. 이 점에서 판단하는 양심은 비열하다.

판단하는 양심은 현실에서 실제로 이루어지는 타자의 행위를 내면으로 끌어들여서 이를 자기만의 기준으로 반성한다. 자기만의 기준에는 자신만의 행복의 기준이 있으며 자기만의 탁월성의 의식이 있고 미래의 행복에 대한 자신만의 예감이 있다. 헤겔은 판단하는 양심의 실상을 흥미로운 예를 통해 설명한다. "시종侍從에게는 영웅이 존재하지 않는다." 영웅이 정말 영웅이 아니라서 그런 것이 아니다. 시종은 영웅과 관계하지만 실제로 그는 영웅의 영웅적 행위를 판단할 기회가 없으며, 오로지 먹고 마시며 욕구를 충족시키는 한 사람을 시중들면서 그를 판단할 뿐이다. 판단은 주관적이며 내면적이고 자의적이다.

여기서 판단하는 양심은 자신의 판단을 통해 드러난 행동하는 양심의 한계를 자기 속에서도 확인하면서 행동하는 양심과 자신이 똑같이 사악하다는 사실을 인식한다. 이러한 동일성을 인식하면서 판단하는 양심은 자신의 한계를 고백한다. 그리고 상대방도 이러한 고백에 동의해주리라 기대한다. 그러나 자신이 사악하다는 고백에 대해 상대방은 대꾸하지 않는다. 자신에게는 아무런 잘못이 없다는 '강퍅한(hart) 마음'이 등장하는 것이다.

판단하는 양심이 사악을 포함하고 있음에도 이를 인정하지 않을 때, 양심은 강퍅한 마음으로 규정된다. 양심은 더 이상 아름다운 영혼이 아니라 아름다운 영혼에 맞서는 마음이 된다. 양심은 타자와의 동일성을 거부하고 내면에만 침잠하면서 자기의 기준을 강퍅하게 고수함으로써 현실에서 멀어질 때 '꺼져가는(verglimmend)' 아름다운 영혼으로 전락한다. 이러한 양심은 더 이상 다른 사람을 존중하고 인정하지 않기 때문에 불의에 빠질 수밖에 없다. 자신의 잘못을 인정하지 않는 것은 다른 사람을 인정하지 않을 뿐 아니라 다른 사람에게 인정받을 수도 없다. 헤겔은 개인의 양심을 행위의 절대적 척도로 간주하는 주장을 비판한다. 자신의 양심을 절대화하고 다른 사람의 양심의 권리를 인정하지 않는 입장은 사악하고 위선적이며 비열하다.

판단하는 양심은 행동하는 양심과 마찬가지로 자신의 일

면성을 포기하고 다른 양심과 화해하는 길을 가지 않을 수 없다. 화해는 용서를 수반한다. 용서는 자기 자신에 대한 포기에서 출발한다. 다른 양심과의 화해는 자기 자신에 대한 포기이며, 특히 타자를 고려하지 않은 자신의 비현실성에 대한 포기이다. 이것은 자기만의 내면성에 집착하는 강퍅한 마음의 분쇄이기도 하다. 강퍅한 마음을 분쇄하는 것은 개별성과의 결별이며 보편성을 향한 고양이다. 여기서 개별적 양심의 병이 치유될 수 있다. 양심은 개별적 주관성을 벗어나 상호주관성에 이를 때 본래적인 모습을 회복한다.

야코비와 헤겔은 자기만의 세계에 도취되어 있는 관점을 여지없이 논파한다. 개인의 고상한 차원을 인정하면서도 그 한계를 밝혀줌으로써 진정한 선의 지평은 오로지 개인들 간의 상호관계를 통해서만 가능함을 역설한다. 상호인정의 상태와 대립하면서 오로지 내면의 법칙과 양심에 따라 행동하는 것은 사악하다. 반면에 내면의 법칙과 양심이 개별성과 자의성의 법칙이 아니라면, 이것은 보편적으로 인정된 것이다. 의무를 자기만의 의무로 받아들이는 상태를 넘어서서 상대방으로부터 인정받는 의무를 의무로 받아들일 때 진정한 보편의 지반이 열린다. 개인의 내면성에서 나오는 의무가 아니라 개인과 개인의 상호인정에서 나오는 의무가 진정한 보편성을 만들어낸다.

결국 판단하는 양심과 행동하는 양심의 상호인정과 화해는 절대정신을 형성한다. 개별 양심이 서로를 인정하는 곳에 절대정신이 존재한다. 상호인정과 화해는 전적으로 고립된 개별자 가운데에 다른 개별자가 받아들여지는 사태를 지시한다. 이것은 원래 하나이던 자아가 둘로 확장된 자아로 현존하는 것이며, 자아가 자신과 대립하는 타자 속에서 자기 자신으로 머무는 것이다. 절대정신은 대립을 포함하며 대립 속에서도 자신을 인식한다. 자신의 완전한 외화 속에서도, 그리고 자신의 타자 속에서도 자신을 확신하는 정신은 곧 현실 속에 나타난 신이다. 상호인정은 현실 가운데 현존하는 신의 모습과 다르지 않다. 주인과 노예의 관계에서 확인된 상호인정의 원리는 여기서 『정신현상학』이 지향하는 최종 목적으로 확인된다. 양심의 완성은 현실 의식이 결여된 추상적 내면성이 아니다. 그것은 현실 가운데 머무는 절대정신이다. 현존하는 절대정신으로 고양된 '양심'은 이제 의식의 경험을 '종교'로 이끈다.

예술과 종교의 경험
−정신의 자기의식으로서의 종교

종교, 정신의 자기 지식

도덕이 '자기 자신을 확신하는 정신'이라면, 종교는 '자신을 정신으로 아는 정신'이다. 종교는 정신의 자기 지식이며 자기의식이다. 헤겔에게 도덕과 종교의 차이는 자기 확실성과 자기 지식의 차이이다. 자기 지식이라는 점에서 종교는 종교에 대한 의식과 구별된다. 종교에 대한 의식에서는 의식되는 절대자와 의식하는 주체가 구별된다. 종교에 대한 의식에서는 피안의 신과 차안의 세계가 구별되며 초월적 존재와 신앙인의 의식이 구별된다. 대표적인 사례는 '불행한 의식'이다. 초월자와 분리되어 있는 자신의 모습을 의식하는 것은 불행하다.

이와 달리 정신으로 규정되는 종교에서는 신이 인간 안에서 자신을 알며 인간은 신 안에서 자신을 안다. 여기서는 신과 세계의 구별이나 초월자와 유한자의 분리가 극복되어 있으며, 모든 존재의 절대적 통일이 성취된다. 바로 이런 점에서 종교는 궁극적 진리를 담고 있으며 사회적 현실과 자연적 현실을 망라하는 모든 본래적인 현실의 내용을 지닌다. 이른바 절대적 자기의식으로서의 종교는 유한한 인간에게 무규정적이고 공허한 것으로 나타나는 것이 아니라 궁극적 진리와 본래적 현실의 내용으로 간주된다. 다르게 표현한다면 종교는 현실적 정신과 내면적 정신의 통일이라는 점에서 전체 존재이며, 이외에 다른 실재를 생각할 수 없다.

자연종교와 예술종교

『정신현상학』은 헤겔의 다른 저술과 달리 종교를 종교사와 관련하여 서술한다. 종교를 '자연종교' '예술종교' '계시종교'로 나누어 설명하는데, 이것은 종교를 '의식' '자기의식' '즉자대자존재'의 개념에 따라 구분한 것이다. 자연종교에서는 절대자가 자연적 형태로 표상되며, 예술종교에서는 인간의 자기의식적 형태로 표상된다. 계시종교에서는 절대자가 자연으로 외화되고 자기 자신으로 복귀하는 정신으로 표상된다. 자연종교는 페르시아 종교, 이집트 종교, 유대교

등 동방종교를 지시하며, 예술종교는 고전적인 그리스−로마 종교를 지시하고, 계시종교는 기독교를 가리킨다. 헤겔은 이 세 가지 단계를 역사에서 확인할 수 있는 '종교' 개념의 구체적인 형태로 간주한다. 종교의 개념은 자연과 정신이 서로 대립하는 상태로부터 이 둘이 하나로 통합되는 과정에서 구체적으로 드러난다. 따라서 '의식의 경험의 학'은 이 모든 과정을 관통하는 종교의 개념을 파악하려고 한다.

절대자를 자연적 형태로 표상하는 자연종교는 쉽게 이해될 수 있다. 절대자는 '빛'(유대교, 페르시아 종교), '식물과 동물'(인도 종교), 그리고 '제작자'(이집트 종교)로 표상된다. 이러한 표상은 전적으로 대상적인 것이며, 그래서 자연종교의 신은 인간의 의식으로부터 독립해 있다. 인간과 관련이 된다면 그것은 사고가 아니라 감각에 포착된 자연적 형태로서 인간 위에 군림하는 전제적 실체이다. 이러한 신에 대해 인간은 전적으로 종속적이고 부차적인 존재에 지나지 않는다. 정신적 존재인 인간에게 신은 전적인 타자로만 나타난다.

예술종교는 그리스 종교에서 보듯이 절대자가 인간의 형태 가운데서 이해된다. 신은 신의 속성과 더불어 인간의 속성도 갖는다. 헤겔은 그리스와 로마의 종교와 문화를 '예술종교'의 틀에서 파악하는데, 이 독특한 개념은 여러 가지 함축을 지닌다. 신은 인간의 예술적 능력이 창출한 초자연적 존재이며, 최고의 진리는 학문에서가 아니라 예술에서 찾아지고, 예술은 오늘의 통속적 예술과 무관한 절대 예술이다. 예술종교는 자연스럽게 종교적 제의와 연관된다. 그리스인의 제의와 축제는 종교적 성격과 함께 정치적 성격도 갖는 공동체적 삶의 인륜적 토대이다. 중요한 것은 예술종교가 그리스인의 종교적 삶과 정치적 삶을 대변할 뿐 아니라 공동체와 개인의 관계를 반성적으로 확인시켜주는 틀이라는 사실이다. 종교는 자연종교에서 확인되듯이 초월적 존재에 대한 무조건적 복종이 아니라 초월적 존재를 자기 속에서 확인하고 자유를 추구하는 틀이 된다. 예술종교에서 이미 종교의 '주관화'와 '개별화'가 엿보이는데, 자유는 이 두 과정 없이 언급될 수 없다.

계시종교, 인간이 된 신의 종교

　계시종교는 헤겔의 사상을 대변하는 종교라고 할 수 있는 최고의 종교이며 무한한 종교이다. 그는 '종교의 개념'이 계시종교에서 충족된 것으로 파악한다. 따라서 계시종교인 기독교는 헤겔에게 '절대종교'이며 모든 상실과 불완전함을 극복한 '완전한 종교'이다. 여기서 상실이 뜻하는 것은 '불행한 의식'에서 결여되었던 피안의 존재와 그리스의 인륜성이 보여준 '행복'이다. 헤겔은 계시종교의 토대 위에서, 즉 충족된

종교 개념의 토대 위에서 그리스 인륜성의 행복을 복원하는 것이 자기 철학의 고유한 과제라고 생각한다.

행복의 상실과 복원을 설명하는 틀은 '의식의 반전'이다. 일차적으로 사람들은 전통적인 인륜성에 결속되어 있을 때 행복을 소유하는 반면 이러한 결속에서 해방될 때 행복을 상실한다. 그러나 다시 한번 생각해보면 행복은 아무런 생각 없이 기존의 인륜적 삶을 반복할 때 경험되는 것인 반면, 인륜성에 대한 반성은 기존의 것에 대한 상실과 더불어 새로운 삶의 해방을 가져다준다. 민족의 정신으로 침잠된 무반성적인 삶이 늘 동일한 행복을 가져다 줄 수 있다면, 반성적 자기의 활동은 새로운 해방적 삶을 가능하게 한다. 인륜적 정신에 속하는 예술종교는 자각적인 개인이 이해할 수 없는 일반적이고 추상적인 삶의 행복을 보여주지만, 반성하는 개인에게는 행복의 상실로 나타난다. 계시종교는 이러한 '상실의 의식'에서 출발한다.

그러나 계시종교는 이러한 상실의 의식에서 극복과 완성을 성취한다. 추상적이고 일반적인 행복을 주관성을 매개로 하여 구체적이고 보편적인 행복의 단계로 끌어올리려는 것이다. 헤겔은 이러한 운동이 계시의 구조에 나타나 있다고 생각한다. 신이 계시되어 있다는 사실은 신이 그의 타자에게, 즉 인간과 자연에게 알려지고 표명된다는 사실을 의미한다.

다시 말해서 신은 정신이나 영(Geist)으로, 그리고 자기의식으로 알려짐으로써 신 존재 자체가 신의 타자에게 표명된다. 이 사실을 대변하는 것은 '신의 인간화' 내지 '인간이 된 신'이다. 계시는 신이 인간이 됨으로써 그 존재 자체가 인간에게 알려진 사건이다. 계시종교인 기독교의 가장 단순하고 핵심적인 내용은 '신의 인간화'에 있다. 여기서 신 존재는 자기의식의 형태를 갖는다. 신의 자기의식은 자신의 모습을 있는 그대로 타자에게 알리고 표명하는 것을 뜻한다. 신의 자기의식은 자기투명성이자 자기 표명이다. 신 존재가 인간에게 알려지고 표명된 사실을 의미하는 신의 자기의식에서 '계시의 구조'가 드러난다.

신의 인간화로 요약되는 계시는 신의 존재가 인간에게 알려지는 사태이자 신이 타자 가운데서 자신을 아는 사태이다. 신은 인간이 됨으로써 자기 자신에게 투명한 상태에만 머물지 않고 자신의 타자에게 자신을 알린다. 계시하는 신은 자기 자신 안에 머무는 '순수한 자기의식'을 넘어서서 자신의 타자에게 머무는 '현실적인 자기의식'이 된다. 신은 현실적 자기의식이 됨으로써 스스로가 타자로 변신한다기보다 타자 속에 머무는 자신을 안다. 결국 계시의 다른 이름인 신의 인간화는 신의 자기인식이자 타자 속에 머무는 신의 인식이다. 이로써 현실은 모두 신적인 사상의 질서를 획득할 뿐 아니라 그 자체가 신의 순수한 사고가 된다. 신의 사고와 신의 인식 가운데 포함되지 않는 존재가 더 이상 없게 된 사태가 곧 신의 계시이자 자기의식이다.

계시종교의 신은 피조물과 남남으로 존재하는 고정된 실체가 아니며 인간 및 자연과 분리되어 있는 존재가 아니다. 자기의식과 자기인식으로 파악되는 계시의 주체는 더 이상 자신의 출발점에 고정되어 있는 실체가 아니라 자기에서 타자로 건너가고 타자 가운데서 자신을 인식함으로써 자기 자신으로 복귀하는 자기 운동적 주체이다. 헤겔이 강조하는 '정신'은 바로 이런 운동의 주체이다. 이런 점에서 신은 자연과 인간 없이 존재할 수 없다는 역설적 표현도 가능하다. 그러나 이러한 표현은 신이 자연과 인간에게 의존하는 존재임을 뜻하는 것이 아니라, 이들과 끊임없이 관계하는 생동적 정신이라는 사실을 뜻한다. 정신으로 규정되는 신은 자신의 타자와 관계하는 존재인 동시에 자기가 자신에게 관계하는 반성적인 존재이다. 신은 자기 내적으로 형식적 동일성인가 하면 타자를 자기 안에 소유하는 내용적 동일성이기도 하다.

화해와 사랑

자연종교에서 예술종교를 거쳐 계시종교에 이르는 과정은 의식의 전개 과정인 동시에 종교의 역사적 전개 과정이다.

정신현상학의 관점에서 보면 종교의 역사는 진보적이다. 여기서 진보는 절대자가 종교적 의식과 분리되어 있는 실체적 존재에서 그것과 완전히 통합된 주체적 존재로 이행하는 것을 뜻한다. 헤겔은 이러한 사대를 '의식과 자기의식의 화해'라는 말로 표현한다. 우리말에서는 '화해(Versöhnung)'라는 표현이 대립하는 두 주체의 상호이해와 용납을 지시하는 정도이지만 헤겔에게 화해의 의미는 이보다 훨씬 넓은 함의를 갖는다. 헤겔은 화해 개념을 기독교적인 의미로 사용한다. 기독교에서 화해가 죄로 인해 신과 대적하는 인간까지도 구원하는 신의 '사랑'을 뜻한다면 헤겔은 이 개념이 갖는 신학적 형이상학적 의미를 '통합'으로 해석한다. 화해는 곧 통합이다. 계시종교가 보여주는 지평은 화해의 지평이며 무한한 일자一者가 유한한 다자多者와 혼연일체를 이룬 상태이다.

'화해'를 가능하게 하는 절대자는 '실체'가 아니라 '정신'이어야 한다. 정신만이 즉자적 실체의 형식을 벗어나서 자기의식의 형태를 띤 현실적 존재가 될 수 있기 때문이다. 실체로 해석되는 신은 피조물과 무관한 존재로 전락한다. 신은 정신으로 해석될 때 비로소 피조물과 화해하는 존재가 될 수 있다. 이러한 맥락에서 헤겔은 다음과 같이 흥미롭게 말하기도 한다. "정신은 즉자적으로 존재하는 아버지와 현실적인 어머니를 갖는다. 왜냐하면 현실 또는 자기의식과 실체로서의 즉자는 정신의 두 계기이기 때문이다." 실체 없는 주체나 주체와 무관한 실체는 일면적이기 때문에 결코 절대자를 드러낼 수 없다. 전자는 유한하며 후자는 유한성과 무관한 무한성이다. 그러므로 절대자는 실체와 현실의 화해를 가능하게 하는 정신을 통해서만 표현될 수 있다. 요컨대 헤겔에게 실체는 실체이면서 동시에 자기의식이며 정신이다.

계시종교가 절대정신의 자기의식이라는 말은 이러한 맥락에서 더 잘 이해된다. 여기서 헤겔은 계시종교의 중심 계기, 즉 실제적 인간으로서의 자기의식, 자기의식으로서의 정신, 다시 말해서 성자聖子 그리스도를 염두에 두고 있다. 자기의식으로서의 정신은 실제적인 인간으로 현존하는 신을 말한다. 실제적 인간은 사람들이 직접적으로 그 확실성을 확인할 수 있다. 성자에 대한 신앙을 가진 사람은 그의 신성을 직접적으로 보고 느끼며 그의 말을 듣는다. 이 경우는 그리스도를 역사적으로 체험한 사람들에 해당한다. 신앙의 의식은 자신의 생각이나 내면에서 신을 추론해내지 않고 직접적으로 임재해 있는 실제적이고 역사적인 존재 가운데서 신을 인식한다. 계시종교의 신은 실제적으로 존재하는 인간 성자에게서 신을 인식한다. 이 신은 직접적으로 자기로 직관되며 실제적인 개별 인간으로 직관된다. 성자로서의 신은 자기의식으로 존재한다. 신을 한갓 생각된 존재라든가 인간에 의해 산출된 존재로 간주하는 자연종교나 예술종교는 이 점에서 계시종교와 확실하게 구별된다.

신이 자기의식의 형태를 갖는다는 사실은 '신이 인간이 된 사실'에서 확인된다. 이것은 절대종교인 기독교의 단순한 내용이다. 신의 인간화 또는 육화肉化에서 신 존재는 정신으로 알려지며 정신으로 '계시'된다. 신은 자신이 성자에게 외화된 사실을 알며 자신의 타자 속에서 자신의 동일성을 보유한다. '실체'인 신은 외화된 자신의 '속성' 가운데서도 자신을 반성하고 있기 때문에 정신이며 영이다. 이러한 정신이 바로 계시된 신이다. 헤겔에게 신의 계시는 신 존재가 정신과 영으로 알려진 사실을 지시한다. 계시의 개념은 성자의 자기의식으로 알려지며 이 자기의식에게 직접적으로 표명된다. 성자는 신이면서 동시에 인간이기 때문에 계시를 통해 신성의 속성과 인간의 속성의 통일이 알려진다. 신과 인간이 하나라는 사실이 계시를 통해 드러나며, 이 계시는 자기의식으로 알려진다. 바꾸어 말하자면 사람들은 (성자의 도움으로) 이 계시를 자기의식으로(als) 안다. 이와 같이 신 존재와 인간존재가 하나로 통합되는 것은 기독교에서 말하는 사랑과 정확하게 일치한다.

사랑은 구체적일 경우 더욱 완전하다. 헤겔은 계시종교도 이 점에서 가장 단순하고 직접적이며 심오할 뿐 아니라 가장 완전한 모습으로 나타난다고 파악한다. 계시종교는 스스로를 외화하고 역사 속에 현존하는 구체적인 절대존재의 구조를 갖고 있기 때문이다. 절대존재는 실제적인 자기의식으로 현존함으로써 자신의 영원한 단순성에서 탈락하고 완전히 몰락한 것으로 보이지만 실제로는 이를 통해서 그의 최고 본질에 도달한다. 가장 표피적인 것에 등장한 계시는 가장 심오한 것이다. 최고 존재는 사람들에게 현존하는 자기의식으로 경험됨으로써 사실상 최고 존재의 개념을 완성시킨다. 최고 존재가 최고 존재로 알려지고 인식되는 것은 최고 존재가 구체적인 현실 가운데서 경험될 때 가능하다. 개념은 추상성을 벗어나서 직접적이고 구체적인 존재로 확인될 때 최고의 지평에 이른다. 신의 개념은 천상에서 지상으로 내려올 때 가장 구체적이며 완전해진다.

교회공동체, 표상의 공동체

절대존재가 그 가운데 계시되어 있는 개별 인간, 즉 절대존재가 자신을 표명한 역사적인 현실의 한복판에 존재하는 개별 인간인 성자는 직접적으로 임재해 있는 신이다. 직접적으로 계시되어 있는 신은 사람들이 '현재' 감각적으로 확인할 수 있는 존재이다. 그러나 사람들이 이 존재를 더 이상 감각적으로 확인할 수 없으면 이 존재는 '과거'에 있었던 존재나 현재로부터 멀어진 존재가 된다. 사람들의 '감각적 의식'에 현전했던 절대존재는 이제 '정신적 의식'에 나타날 수밖에 없다. 감각적 의식은 절대존재를 현실 속에서 보고 듣고 느끼는 '개별적 의식'이지만, 정신적 의식은 과거에 있었던 절대존재를 교회 공동체 가운데서 함께 기억하는 '보편적 의식'이다. 정신적 의식의 입장에서 볼 때 감각적 의식은 과거의 의식이다. 감각적 의식이 과거에 경험했던 절대존재를 현재의 교회 공동체가 의식하는 일반적 형식을 '표상(Vorstellung)'으로 간주한다.

표상은 감각적 직접성과 사고의 종합적 결합이다. 표상은 과거에 실제로 존재했던 절대존재에 대한 직접적인 감각을 내용으로 할 뿐 아니라 이를 공동체의 다른 주체와 더불어 보편적인 모습으로 기억한다. 기억은 개별적이고 직접적인 경험의 내용을 마음속에 다시 한 번 떠올리는 사고의 활동이다. 기억은 직접적인 경험에 새로운 의미를 부여함으로써 개별적이고 직접적인 경험의 내용을 보편적인 것으로 바꾼다. 더 나아가 다른 사람과 함께 기억하는 것은 혼자의 기억보다 직접적인 경험의 내용을 보다 보편적으로 파악할 수 있게 한다. 교회 공동체는 바로 이러한 의미의 공동체이다. 교회 공동체는 역사 속에 등장했던 절대존재의 자기의식을 구성원들과 함께 기억하는 표상의 공동체이다. 표상 가운데는 절대존재를 직접적으로 경험한 사람들의 진술뿐만 아니라 이것에 대한 역사적 재구성이 깃들어 있다. 표상을 통한 재구성은 직접적 경험의 진리를 보편적으로 드러내는 과정이다.

절대존재의 참모습이 인간의 의식 가운데 자리를 잡으려면 의식의 높은 도야가 필요하다. 즉 절대존재에 대한 단순한 '의식'이나 절대적 실체에 대한 '직관'에 머물러서는 안 된다. 절대존재를 감각적으로 직관한 사람들은 기독교에서 말하는 초대 교회의 창시자들일 것이다. 절대존재에 대한 단순한 의식을 '표상'의 단계로 끌어올린 주체는 교회 창시자들의 직관을 지속적으로 기억하는 교회 공동체이다. 여기서 직관의 개별적 내용을 사고의 보편적 내용으로 변형하는 의식의 도야가 일어난다. 그러나 이 도야는 직관에서 표상으로 이행한 것에서 멈출 수 없으며 '개념'의 단계까지 나아가야 한다. 절대존재의 참모습은 절대존재에 대한 '의식과 자기의식의 화해'에서 비로소 드러날 수 있다. 의식과 자기의식의 구별이 사라지고 둘이 하나로 통합될 때 절대존재의 내용이 밝혀진다. 절대존재에 대한 직관과 절대존재에 대한 표상이 통합됨으로써 궁극적으로 절대존재에 대한 개념으로 나아가는 길이 마련된다.

진리는 개념 속에서 비로소 그 진정한 내용을 드러낸다. 종교를 담는 표상의 형식은 개념의 형식으로 이행할 때 비로소 종교의 진정한 내용을 밝힐 수 있다. 바로 이것이 '종교의 철학으로의 이행'이라는 주제로 알려진 헤겔의 중심사상이다. 교리가 보여주는 종교적 '표상'은 철학적 '개념'으로 번역되어야 한다. 완전한 화해를 성취하기 위해 종교는 철학으로 지양되어야 한다. 이러한 지양에서 '탈신화화'가 거론되는 것은 자연스럽다. 신화가 지니는 진정한 의미는 신화의 틀을 벗고 개념의 옷을 입을 때 비로소 살아난다.

개념 속에서 드러나는 절대존재의 진리는 곧 즉자적인 절대존재가 자신의 타자인 인간의 의식 가운데 내면화된 다음 자기 자신을 반성하는 실제적 존재가 된다. 자신을 반성하는 실제적 자기(wirkliches Selbst)는 곧 주체이다. 인간의 의식과 무관하게 독자적으로 존재하는 즉자적 실체는 의식에 매개되고 표상을 거치면서 자기의식의 차원에 이르고 마침내 모든 것을 자기 안에 포함하는 주체로 드러난다. 절대존재의 실체는 주체의 단계로 진입할 때 비로소 자신의 참모습을 드러낸다. 이와 같이 "진리와 현실은 자기 안에서 이루어지는 원환운동이다." 즉자적 실체에서 즉자대자적인 주체에 이르는 운동, 바로 이러한 운동을 헤겔은 '정신'이라고 규정한다. "정신으로 파악되지 않는 절대존재는 추상적인 공허이다. 이와 마찬가지로 이러한 운동으로 파악되지 않는 정신은 빈말에 지나지 않는다." '이성적인 것이 현실적이요, 현실적인 것이 이성적이다'라는 언명도 이 같은 맥락에서 나온다. 절대존재와 현실의 구별 또는 이성과 현실의 구별은 사실 구별이 아니다. 절재존재는 현실 속에서 자기 자신으로 복귀하며, 이성은 현실 속에서 자신으로 복귀하기 때문이다. '구별은 자기 자신과의 구별에 지나지 않으며 이로써 구별은 자기 자신으로 되돌아간 통일성이다.' 이러한 특징을 가진 구별의 주체는 곧 사랑이다.

계시종교를 통해 이제 정신의 세 단계 운동이 드러난다. 첫째, 정신은 순수한 실체의 형식을 띤다. 둘째, 정신은 현존재와 개별성으로 내려온다. 셋째, 정신은 표상과 타자존재로부터 자기 자신으로 복귀한다. 첫째가 순수한 의식의 단계이며, 둘째는 실체가 타자화한 사태에 대한 의식 또는 표상의 단계이고, 셋째는 이 모두를 자기 안에 포함하는 자기의식 또는 사고의 단계이다. 계시종교의 어법을 따르자면, 첫째는 성부의 단계이며, 둘째 성자의 단계이고, 셋째는 성령의 단계이다. 결국 계시종교의 신은 자신을 정신으로 아는 자기의식적 정신이다.

경험의 완성

−절대지, 체계, 개념

정신의 최고점

『정신현상학』의 마지막 장인 '절대지'는 그 제목만으로도 독자를 매료시키기에 충분하다. 일반적으로 '절대지'는 절대적인 지식이나 완전한 지식 또는 절대자에 대한 지식을 의미한다는 점에서 절대지에 도달한 의식은 더 이상의 지식을 필요로 하지 않기 때문이다. 지금까지 헤겔을 따라 의식의 여정을 통과해온 사람들은 파악해야 할 영역이 더 이상 존재하지 않는 지식의 절대적 지평을 경험하면서 원대한 정신세계에 들어서게 된다. 이 영역은 정신세계 가운데서도 최고의 지평을 이룬다는 점에서 최고의 지식은 물론이고 종교가 지향하는 최고점과 밀접하게 연관된다. 절대지는 정신의 최고점을 드러낸다. 헤겔은 절대지에 이름으로써 존재 전체의 비밀을 움켜쥔 것으로 생각하기 때문에 절대지를 경험한 이후에는 새로운 존재도 없으며 새로운 존재에 대한 경험도 없다.

요컨대 헤겔이 말하는 '절대지'는 '주관과 객관의 완전한 일치'를 지시한다. 절대지는 의식 경험의 주체와 대상이 완전히 일치된 상태로서 의식과 남남의 관계로 존재하는 것이 더 이상 없는 상태를 말한다. 의식 가운데 대상으로 남아 있는 존재는 아직까지 의식의 활동에 완전히 포섭되지 못한 '의식의 타자'를 지칭한다. 의식에게 대상이 타자로 남아 있는 한 그것은 아직 자기성에 들어서지 못한 채 대상성에 머물러 있다. 절대지는 대상성이 완전히 극복된 자기성의 상태를 가리킨다. 그러므로 절대지에서는 '자아=자아'의 명제가 형식적인 자기관계로 머물지 않는다. 절대지에서는 '자아=자아'의 명제가 내용으로 채워져 있다. 모든 존재가 자아에 매개되어 있는 것이다. 절대지는 '자아'에게 투명한 모습으로 확인되지 않는 존재가 전혀 없는 상태, '자아'의 자기성으로 들어오지 않고 '대상'으로 남아 있는 존재가 하나도 없는 상태, 말하자면 의식 속에서 존재의 대상성이 완전히 극복된 상태를 말한다. 절대지는 '자아' 속에서 모든 존재가 파악된 상태, 즉 유한한 존재는 물론이고 무한한 신존재까지도 온전하게 파악된 상태를 가리키는 것이다.

주객의 완전한 통일을 지시하는 절대지는 이론적 측면과 실천적 측면에서 동일하게 나타난다. '자아=자아'의 명제는 주객의 완전한 통일을 두 측면에서 드러낸다. 피히테에 의하면 이론은 주체가 객체에 의해 제약되는 것이며, 실천은 객체가 주체에 의해 제약되는 것이다. 이 방식을 따라 표현한다면, 절대지의 이론적 측면은 '사물=자아'가 되며 실천적 측면은 '자아=사물'이 된다. 이론적으로 완전한 상태는 사물이 자아 속에서 사물로 확인됨으로써 '사고된 사물'이 되는 것이며, 실천적으로 완전한 상태는 자아가 사물 속에서 '물화된 자아'로 확인되는 것이다. 절대지는 이와 같이 주객의 일치에서 아무런 여분도 남지 않는 사태를 지시한다. 이러한 사태를 가능하게 하는 조건이 관건이라면 이것은 헤겔이 말하는 절대적 주관성의 활동이다. 절대적 주관성은 대상을 완전하게 구성하며 변형함으로써 그 가운데서 결국 자기 자신을 인식한다. 자기 자신을 인식하는 자기의식은 자유의 주체이며 근대성의 근간이자 종착점이다.

헤겔은 절대지의 특성을 다음과 같이 표현한다. 절대지는 "자신 안에서 이루어지는 자신의 행위에 대한 지식, 즉 모든 본질성과 모든 현존재로서의 자신의 행위에 대한 지식이며, 실체로서의 이러한 주체에 대한 지식인가 하면 자신의 행위에 대한 지식으로서의 실체에 대한 지식이다."

종교적 표상에서 철학적 개념으로

'절대지'를 정당화하기 위해 헤겔은 바로 앞서 전개되었던 '종교'에 대한 비판과 극복을 출발점으로 삼는다. 의식과 대상의 구별을 극복하고 주객의 완전한 통일을 성취하려는 기획은 '종교적 표상'의 한계를 극복하는 문제와 맞물려 있다. 종교적 표상은 절대자의 자기의식을 보여줌에도 불구하고 그 가운데는 아직 절대적 존재와 절대적 존재에 대한 의식이 서로 분리되어 있다. 종교적 표상은 절대적 존재가 완전히 파악되지 않고 단순히 인간의 마음 가운데 떠올려진 것이다. 따라서 종교적 표상에는 절대자를 표상하는 개인, 교회 공동체의 정신, 신의 정신이 서로 구별되어 있으며 이 때문에 신의 정신은 신앙인의 의식 가운데 여전히 대상으로 남아 있다. 종교적 의식 가운데 대상으로 남아 있는 신은 신앙인의 진정한 자기와 무관하다. 표상된 신은 의식과 완전하게 통일된 신이 아니라 자기와 분리되어 있는 대상으로서의 신에 불과하다.

표상된 신은 자기의 운동과 무관하게 외부에서 의식에게 주어진 신이다. 외부에서 주어졌다는 점에서 모든 종교는 역사적이며 실증적이고 의식의 운동에 앞서 의식 가운데 전제된 것이다. 자기의 운동과 무관한 종교의 모습은 계시종교에서 가장 잘 확인된다. 계시는 자기의 내재적 활동성과 상관없이 초월적으로 주어진 것이기 때문이다. 모든 종교에는 초월성이 깃들어 있지만, 초월성도 역사 속에서 확인된다. 종교는 이러한 역사적 소여를 표상한다는 점에서 역사적 전제라는 틀을 벗어날 수 없다. 종교는 역사 속에서 인간에게 직접적으로 주어진 것이기 때문에 시간과 공간의 제약을 피할 수 없다. 의식의 관점에서 보면 종교의 이러한 특성은 진리 그 자체를 드러낼 수 없다. 종교적 진리는 우선 시공에 제약된 역사성을 띠며 의식의 운동과 무관한 대상성을 띠고 있기 때문이다. 교리적인 차원에서 언급되는 종교적 진리는 이를 대하는 의식주체의 운동과 분리되어 있을 경우 진리와 무관할 수 있다.

종교의 내용이 기독교에서처럼 계시로 나타난다면, 이 계시는 의식 바깥에서 의식에게 나타나는 지식으로서 의식의 자발적인 운동에 의해 생산된 자립적 지식이 아니다. 종교적 의식은 계시를 진리로 확신할 뿐이며 이 진리를 진리로 재구성하거나 재생산하지 못한다. 따라서 계시로 나타나는 종교적 진리는 종교적 의식의 확실성에 지나지 않으며 이 의식의 진리가 아니다. 이것은 헤겔이 강조하는 '정신의 진리'에 아직 이르지 못한 것이다. 정신의 진리는 정신과 정신의 관계에서만 발생한다. 이런 맥락에서 헤겔은 절대지를 "자기 자신을 정신으로 아는 정신"으로 규정한다.

요컨대 종교적 진리의 한계는 역사싱과 현실세약성과 대

상성에 있다. 진리는 주체 가운데서 실체로 드러나고 정신과 자기의식의 통일로 확인되어야 하는데, 종교적 진리는 주체와 실체의 동일성이나 정신과 자기의식의 통일을 보여주지 못하고 있다. 오히려 종교적 의식은 절대정신의 실체를 소유하지만, 이것을 자기화하지 못하고 있는 모순의 의식이다. 이 모순은 의식과 자기의식의 모순이며 절대적 실체와 야만적 현존재의 모순이다. 이러한 모순에서 진리와 절대정신에 대한 왜곡이 자연스럽게 나타나며 완전한 존재를 불완전한 존재로 표상하는 일이 쉽게 일어난다. 이것은 진리에 대한 왜곡이다. 진리의 왜곡은 절대자의 내용이 아니라 절대자를 담는 형식에서 발생한다.

그러므로 표상된 신은 의식의 대상으로 존재하며 인간과 완전히 통일되어 있지 못하다는 점에서 불완전하다. 또한 종교적 표상을 지닌 개인이 형성하는 종교 공동체의 정신도 신의 정신과 여전히 분리되어 있다는 점에서 불완전하다. 이런 맥락에서 헤겔의 눈에는 기독교가 교회 공동체와 구원의 관계를 강조한다는 점에서 종교철학적으로 해명되어야 할 근본문제를 안고 있는 것으로 비친다. 구원은 교회 공동체만의 문제가 아니라 존재 전체의 문제이며, 종교적 표상이 아니라 철학적 개념에서 비로소 확인되기 때문이다.

신 존재 자체는 물론이고 신과 다른 모든 존재의 관계를 설명하는 종교의 내용은 지식과 학문에 앞서 주어져 있다. 이 것은 시간적으로 앞서 주어져 있기 때문에 논리적으로도 의식의 활동에 선행한다. 종교의 내용은 시간의 변화를 넘어선 지평에서 비로소 가능한 지식과 학문에 앞서서 정신의 정체성을 드러내고 있다. 종교는 그 구체적인 형태와 상관없이 늘 시간과 역사 속에서 영향을 끼친다. 이렇게 본다면 절대지는 구체적인 종교사와 종교사에 대한 의식의 역사를 종결할 때 비로소 획득될 수 있다. 절대지는 시간과 역사 속에 등장하는 구체적인 정신의 형태를 완결한 것이라는 점에서 종교보다 후속적인 것에 틀림없다.

종교적 표상을 극복하는 일은 신의 정신이 그와 분리되어 있는 의식과 통일되는 일이며 이 의식과 화해하는 일이다. 헤겔이 자주 사용하는 '화해'라는 표현은 싸움하는 두 주체의 조정을 의미한다기보다 대립과 분열을 극복하고 통일을 이루는 사태를 지시한다. 신의 정신과 인간의 종교적 의식이 완전한 통일을 이루는 것은 어떤 모습인가? 헤겔의 답변은 더이상 종교적 차원에 머물지 않는다. 신과 인간의 완전한 통일은 '철학적 개념'에 있다. 종교적 표상에서는 절대적 존재와 인간의 의식이 분리되어 있는 반면 철학적 개념에서는 이 둘이 완전하게 통합된다. 절대지는 바로 이러한 통합을 지시한다. 절대지는 절대자에 대한 지식이며 절대자에 대한 개념이고 절대자에 대한 학문이다. 이른바 '절대적 학문으로서의 철학'만이 이러한 통일을 달성할 수 있다. 절대지는 절대자에 대한 종교적 표상이 아니고 절대적, 보편적 질서에 대한 도덕적 확신도 아니다. 그것은 절대자에 대한 철학적 개념이다.

결국 절대지의 생성에서 종교가 차지하는 의미는 다음과 같이 요약된다. 첫째, 헤겔은 종교도 철학과 마찬가지로 '사상의 운동'으로 파악한다. 만약 종교가 사상과 무관한 것이라면 종교에서 철학으로 이행할 근거가 없으며 '종교를 객관화한 것이 절대지'라는 주장을 펼칠 수 없다. '이성' 장에서 다루었듯이 '사물=자아'이며 '자아=사물'이라는 등식을 근거로 할 때만 종교는 절대지의 생성에서 중요한 역할을 감당할 수 있다. 외부에서 직접적으로 주어진 것 또는 역사적으로 소여된 것이 곧 자기이며, 자기가 곧 직접적인 것과 역사적인 것이라는 등식에서 종교는 절대지의 생성에 기여할 수 있다. 만약 사물과 자아가 남남의 존재이며 역사적 소여와 자기와 무관한 것이라면, 양자 사이의 동일성을 언급할 근거가 아예 존재하지 않는다. 이 둘의 이종성異種性을 주장한다면 절대지는 애당초 불가능하다. 사상의 운동은 양자에서 동일하게 나타난다.

둘째, 종교의 절대적 내용은 절대지의 생성을 가능하게 하는 역사적 조건이며 체계적 조건이다. 이 조건은 다름 아니라

'종교적 화해'이다. 종교적 화해는 서로 무관하거나 분리된 신과 인간이 종교를 통해 통합되는 사태를 지시한다. 종교에 대한 가장 일반적인 정의인 '유한자와 무한자의 통일'은 종교적 화해를 가장 기본적으로 확인한다. 그러나 유무한의 통일이라는 체계적인 내용은 실정實定종교를 통해 역사적으로 주어진 것이다. 따라서 절대지는 역사적으로 주어져 있는 유한자와 무한자의 통합이라는 체계적인 내용을 개념화할 때 비로소 생성된다. '절대지'로 표현되는 철학적 개념은 종교가 지니고 있는 체계적인 내용인 '종교적 화해'에서 시간을 제거한 것이다. 이렇게 획득되는 절대지의 내용은 전적으로 종교에 빚지고 있지만, 정신이 자기 자신을 아는 절대지에 이르지 못하는 한 학문과 철학적 개념은 현실 가운데 나타나지 않는다.

종교와 절대지의 관계에서 확인되는 중요한 사실은 절대적 내용과 자기의 관계이다. 종교의 의미가 실체의 다양한 운동을 시간과 역사 속에서 구체적으로 제시해 준 데 있다면, 절대지는 이러한 실체와 자기를 통합함으로써 모든 존재를 자기의식 가운데서 해소하고 파악하는 데 있다. 이러한 과정에서 실체는 자기로 변모하고 자기는 늘 새로운 자기로 변모하면서 실체와 자기가 완전하게 일치한다. 흔히 언급하는 '절대지가 곧 원리'라는 주장은 바로 이러한 동일성을 지시한다. 종교의 절대적 내용이 자기의 형태를 획득하면 이 내용은 인간의 모든 지식과 행위의 근간을 이루는 원리로 인식된다. 모든 지식과 학문, 모든 도덕과 법, 모든 종교와 역사를 관통하는 동일한 체계가 인식되는 것이다. 이러한 원리를 인식하는 것은 진정한 학문이며 모든 개념의 요소이다.

절대지와 시간의 관계

이제 남는 문제는 '원리와 시간의 관계'이다. 『정신현상학』은 시간의 전개를 개념적 질서로 옮겨 놓는다. 이 책은 시간과 현실 가운데 전개된 원리를 의식 가운데서 재구성함으로써 자기 자신을 무시간적인 개념과 정신의 형태 속에서 아는 학문이다. 원리가 시간과 현실 가운데 전개되는 것은 원리로서의 정신의 현상이며, 이 현상을 개념적으로 파악하는 것은 원리가 현실로 전개되기 이전의 상태로 복귀하는 것으로서 정신이 정신 자신을 인식하는 것이다. 절대지는 바로 이러한 정신의 자기인식을 지시하므로, 그 가운데는 원리의 분리와 그 통일이 깃들어 있다. 따라서 원리의 분리는 정신의 시간적, 역사적 외화로 이해되며, 그 통일은 외화된 정신의 기억과 내면화(Er-Innerung)로 파악된다. 외화된 정신 가운데 원리가 깃들어 있으며, 원리는 시간과 현실로 외화된 정신을 자기 가운데서 내면화함으로써 자기인식을 성취한다. 이것은 헤겔 철학 전반에서 확인되는 '동일성과 비동일성의 동일성'이며 '과정을 포함하는 결과'이다. 따라서 시간과 현실은 결코 우연적인 사태일 수 없으며 아무런 방향성이 없는 모순과 그 극복의 과정이 아니다.

자기 자신을 아는 정신인 절대지는 정신의 외화인 자연과 역사를 자기 안에 포함한다. 절대지가 현실의 구체성이 결여된 추상적 지식이 아니라는 사실은 여기서 잘 드러난다. 자연과 역사와 시간은 정신의 필연적 계기이기 때문에 정신 자신의 지식인 절대지 가운데 포함되어 있을 뿐 아니라, 바로 이러한 근거에서 절대지는 존재 전체의 진리를 구체적인 방식으로 보여준다. 절대지가 유기체적 성격을 지닌다는 주장도 이러한 맥락에서만 이해될 수 있다. 유기체는 부분 존재들의 상호관계를 통해 가능하다는 사실은 절대지의 운동성과 일맥상통한다.

자연과 역사가 절대지 속에 포함된다는 주장은 이들이 모두 정신의 타자라는 사실에서만 정당화된다. 자연과 역사는 정신이 외화된 존재라는 점에서 정신의 타자인 동시에 정신 자신이다. 자연과 역사는 정신이 분화됨으로써 발생한 것이기 때문에, 분화된 정신이 정신 자신으로 복귀할 때 이루어지는 정신의 통일은 정신의 완전한 운동을 보여준다. 이러한 운동을 통해 정신은 자신에게 투명한 상태로 드러난다. 절대지가 정신의 투명한 개념으로 확인되는 것은 정신이 자신의 타자에서 자기 자신으로 복귀할 때 비로소 가능하다. 헤겔이 말하는 '개념'의 구조는 단순한 존재가 분화하여 대자적 존재가 되고 이 대자적 존재가 다시금 원래의 단순한 존재로 복귀함으로써 드러나는 전체성에서 확인된다. '전체'라는 결과는 다만 주어져 있는 존재의 집합이 아니다. 이것은 단순한 존재가 분화함으로써 자신의 타자를 만들어내고 이 타자에서 자신으로 복귀함으로써 비로소 형성된다. 이 전체는 단순한 존재인 일자와 그의 타자인 다자 사이의 유기적인 연관을 구조로 이루어져 있다. 따라서 이러한 일자와 다자가 유기적으로 얽혀 있는 전체 존재 가운데 자연과 역사가 포함되는 것은 너무나도 당연하다.

자기 분화와 자기 복귀를 통해 달성되는 정신의 개념적 투명성은 자연과 역사를 초월하거나, 이들과 무관할 수 없다. 자연과 역사는 개념에게 전적으로 낯선 존재라기보다 철학적 원리를 보여주는 개념의 짝이다. 자연과 역사는 대상적으로 외적으로 고찰된 개념의 형식이다. 따라서 정신은 절대지에 이르기 위해 자연과 역사를 필요로 한다. 자연과 역사의 구체적인 경험은 절대지의 필요불가결한 요소이다. 절대지에 이르기까지 전개되어온 경험의 여러 과정은 절대지를 이루는 필연적 요소인 것이다. 자연과 시간의 경험은 무작위적이고 우연적인 경험이라기보다 각 계기마다 학문적으로 확정되어온 필연적인 경험이다. 절대지가 포함하는 자연과 역사의 경험은 그 자체가 구체적인 학문으로서 철학의 역사를 이룬다. 절대지에는 자연과 역사의 모든 경험이 학문적 결과로 용해되어 있다. 이런 맥락에서 절대지는 의식 경험의 모든 계기와 더불어 철학사의 모든 계기를 포함한다.

자연과 역사의 모든 계기를 포함하는 절대지는 결국 감각적 확실성의 경험에서 시작해서 이성의 경험, 정신의 경험, 종교의 경험까지 포함하며 이 가운데서 각 시대를 대변하는 철학을 아우른다. 자연과 역사가 정신의 타자라는 주제는 특히 데카르트 이래의 근대철학을 보완하고 완성하는 방향으로 구체화된다. 사고와 연장의 이원론에 머물러 있는 데카르트, 주체철학이 결여된 스피노자의 일원론, 내용이 결여된 피히테의 절대자아의 철학 등 이 모든 철학을 발전적으로 재구성한 철학이 『정신현상학』이며 이것의 토대를 이루는 구조가 절대지에 나타나 있다. 자신의 타자 속에서 자기 자신을 인식하는 정신의 운동에는 정신의 외적 형식과 더불어 순수한 개념적 질서가 깃들어 있다. 절대적 내용과 형식의 통일로 규정되는 절대지 안에서는 자연과 역사도 이미 정신적인 것이다. 『정신현상학』의 마지막 문구처럼 오로지 정신의 왕국의 잔에서 그 무한성이 넘쳐흐른다.

자연과 자기의 통일, 역사와 자기의 통일에 이른 절대지는 더 이상 자연과 역사의 지평에 머물지 않는다. 순수 개념에 도달한 절대지는 여전히 자연과 역사에 관계하면서도 그 이상의 지평에 존재한다. 이것은 '이념'으로서의 자연이며 '새로운 시간'으로서의 역사이다. 특히 새로운 시간으로 규정되는 절대지는 인간에게 주어져 있는 역사적 운명과 필연성으로 나타나는 통시적(diachronisch) 시간이 아니며 모든 시간을 관통하여 그 의미를 파악하고 있는 동시적(synchronisch) 시간이다. 동시적 시간은 선형적으로든 원형적으로든 인간에게 역사적으로 주어진 과거의 시간이 아니라 모든 시간의 의미가 종합되어서 출현하는 새로움의 시간이다. 이 새로움의 시간은 전적으로 새롭게 출발하는 현재의 시간이다. 그러나 현재의 시간은 원칙적으로 신적인 것이다. 이것을 소유한 사유는 곧 신의 사유로 규정되는 철학적 사유이다. 이것은 정신현상학의 최고점으로서 신의 지평으로 고양된 사유를 가리킨다.

『정신현상학』의 영향

　"헤겔은 한 세기 전부터 등장한 거의 모든 철학의 근원에서 발견된다." 메를로퐁티의 이러한 언명은 여러 현대철학자들에서도 사실로 확인된다. 심지어 하이데거, 루카치G. Lucács, 코제브A. Kojève 같은 철학자는 아예 정신현상학의 방식으로 철학한 사상가로 평가받는다. 헤겔의 영향은 좁게는 헤겔을 적극적으로 해석하고 수용하는 데서부터 넓게는 헤겔과의 대결을 통해 독자적인 철학을 형성하는 데 이르기까지 다양하다.

　정신현상학의 영향은 제일 먼저 포이어바흐L. Feuerbach, 키에르케고르S. Kierkegaard, 마르크스K. Marx에서 나타나며, 1900년대에 들어 딜타이W. Dilthey와 크로너R. Kroner에서 보이고, 그 다음에는 레닌W.I. Lenin, 마르쿠제H. Marcuse, 루카치에서 나타난다. 이후 정신현상학은 프랑스 실존주의에서 적극적으로 수용된다. 발J. Wahl과 코제브, 그리고 그에게 영향을 받은 사르트르J.P. Sartre, 메를로퐁티, 이폴리트J. Hyppolite가 대표적이다. 이에 반해 독일에서는 하이데거M. Heidegger와 하버마스J. Habermas가 정신현상학과 예나 시기의 작품에서 자신들의 독자적인 철학을 전개시킨다.

정신현상학의 영향은 철학적 문제를 둘러싸고 일어나기도 했다. 예컨대 루카치와 코제브는 이데올로기 비판과 인간학의 관점에 서 있는 반면, 리터J. Ritter나 로모저G. Rohrmoser는 정신현상학에 나타나 있는 종교적 사유를 역사와 이념의 관점에서 독자적으로 평가한다. 이들은 계시종교의 내용을 종교 비판적 관점에서 접근하지 않고 종교사와 이념의 관계에서 다룬다. 하버마스는 정신현상학과 예나 시기 작품에서 인식론적인 물음과 상호인정의 단초를 발굴해내며, 가다머는 자연적 의식을 중심으로 변증법과 해석학의 상관관계를 추적한다. 더 나아가 정신현상학은 정신분석학의 철학적 해석과도 연관된다. 마르쿠제, 리쾨르, 하버마스는 문제로 등장하는 전前의식적 현상이 의식의 도야에 영향을 미치는 것으로 파악하며 의식의 경험과 정신분석을 동일한 틀에서 설명한다.

우리 시대의 대표적인 헤겔 연구가인 풀다H.F. Fulda와 헨리히D. Henrich는 정신현상학을 획기적인 작품으로 만든 세 가지 요소를 언급한다. 첫째, 정신현상학은 관습적인 삶의 상태에 대한 단순한 보고에 지나지 않는 역사적인 삶의 형식을 개념적으로 파악한다. 둘째, 정신현상학은 철학의 추상적인 주장에 깃들어 있는 비교적秘教的인 특성까지 이론적으로 정당화한다. 셋째, 정신현상학은 유의미한 다른 철학적 개념과 끊임없이 대결함으로써 철학의 새로운 지평을 모색한다.

정신현상학을 절대적 지식을 정당화하는 체계로 간주하는 해석에서는 의식과 의식대상 사이에 원칙적인 차이가 존재하지 않는다. 이성적으로 파악되지 않는 것은 아예 존재하지 않으며 지식과 지식의 대상은 절대적으로 동일하다는 것이다. 개념과 그 내용 사이에 아무런 차이가 없다는 이러한 주장은 이론적인 차원에만 머물지 않고 사회적 삶의 형식에도 적용된다. 여기서 이론적 진리와 실천적 자유가 만난다.

그러나 이러한 절대 동일성의 관점에 대해 이의를 제기하는 연구가 적지 않다. 모든 것을 논리적인 체계에 담으려고 한 헤겔의 시도에는 구체적인 삶의 현장과 역사에서 결코 배제될 수 없는 죽음과 박탈, 사악, 질병, 광기 등에 대한 탐구가 결여되어 있다는 것이다. 헤겔 스스로 정신현상학을 의식의 경험의 학으로 규정한 데서 잘 드러나는 바와 같이 정신현상학은 완결된 체계로서보다는 새로운 경험의 과정에 대한 서술로서 더 큰 의미를 갖는다. 정신현상학을 철학적 학문의 서론으로 규정하는 경우와, 이를 새로운 경험의 발견과 매개에 대한 서술로 보는 관점은 대등한 설득력을 갖는다. 많은 연구들은 모든 경험이 수렴되는 절대지에서도 체계와 학문의 투명한 구조가 밝혀진 것은 아니라고 주장한다. '절대지' 장은 정신현상학의 다른 장에 비해 훨씬 더 불투명한 서술로 이루어져 있다는 것이 그 근거이다. 이러한 평가는 정신현상학의 영향사를 살펴볼 때 보다 분명하게 확인된다. 정신현상학에 대한 지속적인 관심은 이를 체계로 간주한 입장보다는 의식의 발견학과 매개학으로 간주한 입장에서 더 많이 발견된다. 여기서 중심 문제를 이룬 것은 '자기의식의 현상학과 역사의 관계'이다.

경험은 시간과 역사 속에서 이루어지며, 자기의식은 시간 속에서 발생한 경험의 본질과 의미를 산출한다. 경험은 본질적으로 일정한 틀에 갇힐 수 없으며 다양성을 생명으로 한다. 경험은 일정한 방향의 최종점을 확인할 수 없기 때문에 결코 완결되지 않는다. 의식의 경험의 학은 무엇보다 이러한 미완의 경험에 대한 서술로 간주된다. 비록 절대지가 경험의 완성과 학문적 체계를 지시한다 하더라도, 1807년의 『정신현상학』은 『철학적 백과사전』에 나타나 있는 후기의 체계사유와 달리 완결된 경험보다 이행과정에 있는 경험의 서술에 집중한다. 정신현상학이 보여주는 경험의 다양성과 미완성의 측면에서 살펴보면 후기의 체계사유를 정당화하는 일은 결코 용이하지 않다. 그 누구도 체계사유의 근본개념이 실제적인 경험의 구조와 꼭 맞아 떨어진다는 사실을 보장할 수 없기 때문이다. 이것은 체계사유와 실재철학(Realphilosophie) 간의 긴장이기도 하다. 체계사유의 치밀함과 철저함에 대해 경험의 생동성이 맞서는 것이다.

자기의식과 역사의 관계를 중시하는 대표적인 사례는 주인과 노예의 실천적 관계와 노동의 문제를 천착하는 마르크스와 코제브, 그리고 상호인정을 실천철학의 원리로 간주하는 오늘날의 해석에서 찾을 수 있다. 노동과 상호인정은 자기의식적 실천을 통해 궁극적으로 역사의 완성을 성취할 수 있는 원리로 받아들여진다. 이러한 맥락에서 최근에는 역사가 시장 경제적 민주주의의 발전에서 그 최종점에 이른다는 연구가 발표되기도 했다. 코제브의 해석이 보여주듯이, 개인은 자신의 죽음을 경험하면서 최고의 자각적인 단계에 이르고 이러한 자각을 통해 상호인정에 이르며 상호인정에서 역사는 종결된다. 역사의 완성은 유한성을 자각하는 인간의 완전한 인간화에서 가능하다. 그러나 인간의 인간화는 역사의 한계 속에 있다. 이러한 해석에서는 절대지가 절대자에 대한 종교적 형이상학적 지식이 아니라 인간이 자신을 세계 속에서 완전하게 의식하는 사태이다. 절대지는 이론과 실천, 개인과 집단, 자연과 자유에 대한 최고의 자기의식적 상태이다.

중요한 것은 자기의식의 변전으로 나타나는 경험과 이 경험이 포괄하는 현실 세계이다. 의식의 경험은 현실 세계와 뗄 수 없는 관계 속에 있다는 점에서 현실과 무관한 사유는 무의미의 영역으로 밀려날 수밖에 없다. 따라서 현실에 대한 자기의식을 강조하는 입장은 자연스럽게 공적 현실에 관심을 집중시킨다. 모든 것이 투명한 관계 속에 확인되어야 할 뿐 아니라 타자와의 유기적인 특성을 유지하고 보존해야 한다. 후기 철학은 이러한 유기적 관계를 사변적 체계학으로 발전시킨 반면, 정신현상학은 유기적 관계가 나타나 있는 구체적인 현장에 관심을 집중시킨다.

정신현상학에 대한 하이데거의 양의성은 여기서 출발한다. 『존재와 시간』에서 현존재의 역사성에 대해 물을 때 하이데거는 이미 헤겔이 말하는 의식의 경험과 구체적으로 관계한다. "의식이 의식 자신과 자신의 대상으로서의 자신의 지식에 대해 행사하는 변증법적 운동은 의식에게 새롭고 진정한 대상이 일어나는 한에 있어서만 본래적인 의미에서 경험이라고 불릴 수 있다." 현존재는 역사의 산물인 동시에 새로운 역사의 출발점이다. 현실 가운데 내던져져 있는 현존재와 이 가운데서 자신의 뜻을 적극적으로 설계하는 현존재는 헤겔이 말하는 의식 경험의 주체와 유사하다.

그러나 하이데거는 헤겔이 강조하는 공적 현실에만 집중하지 않는다. 오히려 그는 헤겔이 간과한 영역을 현존재의 문제로 부각시킨다. 이를테면 존재에 대해서 무를, 현실에 대해서 현실의 박탈을, 영원성에 대해서 시간성을, 생명에 대해서 죽음을 강조한다. 의식 경험의 대상이 타자와 공유하는 공적 현실에만 머무는 것이 아니라 개인의 내적 심연에서 자기만의 고유한 방식으로 관계하는 비밀스러운 세계로까지 확장된다. 이 문제는 하이데거가 적극적으로 수용한 셸링의 『인간적 자유의 본질』로 거슬러 올라간다. 『정신현상학』과 『인간적 자유의 본질』은 여전히 생산적인 긴장관계를 유지한다.

정신현상학을 둘러싸고 형성되는 하이데거와 헤겔의 관계는 가다머를 통해 보다 분명하게 나타난다. 가다머에 의하면 의식 경험의 변증법적 매개는 완결된 체계에 이를 수 없으며 열린 체계로 만족할 수밖에 없다. 이른바 해석학적 경험은 시간적 유한성의 제약을 회피할 수 없다. 실체와 속성 간의 형이상학적 일치의 관계는 그때마다 다양하게 발생하는 경험 때문에 통일적으로 설명될 수 없다. 따라서 우리의 처분에 맡겨진 것은 무한히 열린 매개의 가능성뿐이다. 정신현상학의 시도를 현대 철학의 맥락에서 재구성해본다면, 그것은 체계와 역사의 열린 만남으로 규정될 수 있다. 새롭게 해석되는 정신현상학의 이념은 결국 기존 철학과 새로운 경험의 구체적인 만남을 통해 가능한 새로운 철학에 있다. 새로운 철학은 형이상학적 이념에 충실한 철학이 아니라, 현실과 관계하는 주체가 늘 새롭게 이해하는 현실에 근거하는 철학이다. 그러나 여기서 경험 과정에 선행하는 근거가 결코 간과되어서는 안 된다.

4부

Phänomenologie
des Geistes

『정신현상학』발췌

경험은 시간과 역사 속에서 이루어지며, 자기의식은 시간 속에서 발생한 경험의 본질과 의미를 산출한다. 경험은 본질적으로 일정한 틀에 갇힐 수 없으며 다양성을 생명으로 한다. 경험은 일정한 방향의 최종점을 확인할 수 없기 때문에 결코 완결되지 않는다. 의식의 경험의 학은 무엇보다 이러한 미완의 경험에 대한 서술로 간주된다. 비록 절대지가 경험의 완성과 학문적 체계를 지시한다 하더라도, 1807년의 『정신현상학』은 『철학적 백과사전』에 나타나 있는 후기의 체계사유와 달리 완결된 경험보다 이행과정에 있는 경험의 서술에 집중한다. 정신현상학이 보여주는 경험의 다양성과 미완성의 측면에서 살펴보면 후기의 체계사유를 정당화하는 일은 결코 용이하지 않다. 그 누구도 체계사유의 근본개념이 실제적인 경험의 구조와 꼭 맞아 떨어진다는 사실을 보장할 수 없기 때문이다. 이것은 체계사유와 실재철학(Realphilosophie) 간의 긴장이기도 하다. 체계사유의 치밀함과 철저함에 대해 경험의 생동성이 맞서는 것이다.

1장
의식과 감각적 확실성의 변증법

감각적 확실성 또는 이것과 단순한 생각

우선적으로나 직접적으로 우리의 대상인 지식은 그 자체가 직접적 지식이며 직접적인 것이나 존재자에 대한 지식 이외의 것일 수 없다. 이와 마찬가지로 우리는 직접적인 태도나 수용적 태도를 취해야 하며 그 자체로 드러나는 직접적인 것을 변형해서는 안 되고 그것에 대한 파악을 막아야 한다.

감각적 확실성의 구체적 내용은 이 확실성을 가장 풍부한 인식과 무한히 풍요로운 인식으로 나타나게 한다. 여기서는 이러한 풍요로움이 나타나는 시간 공간에 아무런 한계가 보이지 않으며 풍요로움을 분할하여 그 파편을 취한다 하더라도 아무런 한계가 발견되지 않는다. 이 밖에도 감각적 확실성은 가장 진정한 것으로 나타난다. 왜냐하면 감각적 확실성은 대상에서 아직 아무 것도 떼어내지 않았으며 대상을 전적인 완전성으로 대면하기 때문이다. 감각적 확신이 스스로 알고 있는 대상에 관해 언급하는 것은 '그것이 있다'는 것뿐이며, 그의 진리 가운데는 어떤 것, 즉 사실의 있음이 포함되어 있을 뿐이다. 의식도 그것이 무엇인가를 감각적으로 확신하는 한에서 순수한 자아로 있을 뿐이다. 이러한 자아는 순수한 '이 사람'에 지나지 않으며 대상도 순수한 '이것'에 지나지 않는다. '이 사람'인 자아가 '이것'이 있음을 확신하는 것은 자아가 의식으로서 자기 전개를 통해 다양한 사고활동을 한다는 사실에서 연유하지 않으며, 내가 확신하는 어떤 것이 갖가지 성질을 지니고 스스로 풍부한 관계를 형성하여 다른 것과 다양한 관계를 맺기 때문도 아니다.

(……)

이제 감각적 확신을 향하여 "이것은 무엇인가?"라고 물어볼 수 있다. '이것'이 있다는 것을 '지금(Jetzt)' 있다와 '여기에(Hier)' 있다는 이중의 형식으로 나누어보면, '이것'이 지니는 변증법은 이것 자체와 마찬가지로 쉽게 이해될 수 있다. "지금은 무엇인가?"라는 물음에 대하여 예컨대 우리는 "지금은 밤이다"라고 대답한다. 이러한 감각적 확신의 진위를 가려내기 위해서는 단순한 시도만으로도 충분하다. 우리가 이 진리를 써놓는다고 하자. 그러나 진리는 그것을 기록한다고 해서 사라질 수 없으며, 우리가 이 진리를 보존함으로써도 사라질 수 없다. 그렇지만 '지금이 낮'이 되었을 때 써놓았던 진리를 다시 들여다본다면, 우리는 그것이 김빠진 것이 되어버렸다고 말할 수밖에 없다.

밤으로서의 지금은 보존된다. 다시 말해서 지금은 그것이 억지 주장하는 것으로, 하나의 존재자로 다루어지지만, 그것은 오히려 비존재자로 확인된다. 지금 자체는 확실히 유지되지만 그것은 밤이 아닌 지금으로 유지되고 있다. 마찬가지로 지금이 낮이 되었을 때도 지금은 낮이 아닌 것으로, 또는 부정적인 것 일반으로 유지되고 있다. 이렇게 유지되고 있는 지금은 따라서 직접적인 존재가 아닌 매개된 존재이다. 왜냐하면 이렇게 변함없이 유지되는 지금은 낮이나 밤과 같은, 또 다른 지금이 아니라는 사실을 통해 규정되기 때문이다. 여기서 변함없이 유지되는 지금은 이전의 지금과 마찬가지로 단순하지만, 이 단순함에서 지금은 그것에 덧붙여질 것과는 아무런 상관이 없다. 낮과 밤은 변함없이 유지되는 지금의 존재가 아니며 또 낮과 밤이기도 하다. 변함없이 유지되는 지금은 낮이나 밤과 같은 그것의 타자를 통해서는 전혀 영향을 받지 않는다. 부정을 통해 존재하는 이러한 단순함은 '이것'도 '저것'도 아니며 ['이것의 부정' 내지] '이것이 아닌 존재(Nichtdieses)'이고 이것이나 저것도 될 수 있는데, 우리는 이러한 단순함을 보편자(Allgemeines)라 부른다. 그러니까 보편자야말로 실제로 감각적 확실성의 진리이다.

(……)

'이것'에 속하는 또 하나의 형식인 '여기'의 경우도 사정은 마찬가지이다. 예컨대 '여기' 있는 것이 '나무'라고 하자. 그러나 내가 등을 돌리면 이 진리는 사라지고 다른 진리로 바뀐다. "여기는 나무가 아니고 집"이 된다. 이때 '여기' 자체가 사라진 것은 아니고, '여기'는 그대로 존속하지만 집이나 나무가 사라지면서 '여기'는 집도 되고 나무도 되는 것이다. 여기서도 '이것'은 매개된 단순성(vermittelte Einfachheit), 즉 보편자로 드러난다.

이와 같이 감각적 확신에서 대상의 진리가 보편적인 것이라는 사실이 밝혀짐으로써, 여기서 감각적 확신의 본질로 남는 것은 '순수한 존재' 내지 '순수하게 있음'이다. 그러나 이 순수한 존재는 직접적인 것이 아니라 부정과 매개를 본질로 하는 것이다. 이로써 순수한 있음은 우리가 이 있음에 대해 개인적으로 생각하는 것이 아니라 그것이 추상이나 순수한 보편자라는 규정으로 존재하는 것이다. 감각적 확신의 진리는 보편자가 아니라고 생각하는 우리의 견해는 이래도 저래도 상관없는 공허한 지금과 여기의 저편에 남겨졌다.

앎(知)과 대상을 처음으로 드러냈던 관계와 결과로 얻어진 앎과 대상과의 관계를 비교해보면 이 관계는 역전됐다. 마땅히 본질적인 것이어야 하는 대상은 이제 감각적 확신이라는 비본질적인 것이 되었다. 왜냐하면 대상의 변화로 귀결된 보편자는 더 이상 대상이 감각적 확신에 대해 본질적인 것과 같은 그러한 보편자가 아니라, 오히려 감각적 확실성이 대립자 가운데, 말하자면 이전에는 비본질적인 것이었던 앎 가운데 있기 때문이다. 감각적 확신의 진리는 '나의' 대상이라는 대상에 있거나 개인적인 생각 속에 있다. 대상은 내가 대상에 대해 알기 때문에 존재한다. 감각적 확신은 대상으로부터 추방되지만 이로써 지양된 것은 아니며, 다만 자아 속으로 떠밀려 들어갔을 뿐이다. 이러한 경험이 실제로 어떠한 모습을 띠는지 고찰해야 한다.

감각적 확신의 진리가 갖는 힘은 자아 속에 있으며 자아가 직접 보고 듣는 활동성 속에 있다. 우리가 생각하는 그때마다의 '지금'과 '여기'는 자아가 이 둘을 확고하게 붙들고 있기 때문에 소멸되지 않는다. "지금은 낮이다"라는 것은 내가 낮을 보고 있기 때문이며, "여기가 나무이다"라는 것도 내가 나무를 보고 있기 때문이다. 그러나 이러한 관계 속에서도 감각적 확신은 앞에서 보았던 것과 동일한 변증법을 경험한다. 내가 나무를 보고 "여기는 나무이다"라고 주장할 때 또 다른 나는 집을 보고 "여기는 나무가 아니고 집이다"라고 주장한다. 이 두 진리는 동일한 증명력을 갖는다. 말하자면 양자는 직접적으로 보고 있을 뿐 아니라 자신의 앎에 대해 확신하고 있다. 그러나 이때 한쪽은 다른 한쪽 가운데서 사라진다.

여기서 사라지지 않고 남아 있는 것은 보편적인 자아이다. 이 자아는 나무를 보는 것도 아니며 집을 보는 것도 아니다. 이 자아는 집이나 나무 등의 부정을 통해 매개된 단순히 보는 활동으로서 집이나 나무와 같이 나란히 주어지는 대상에 대해 무관심하다. 자아는 '지금' '여기' '이것'과 마찬가지로 오로지 보편적인 것이다. 자아가 바로 여기와 바로 지금 또는 개별자를 말함으로써 자아는 모든 이것, 모든 여기, 모든 지금, 모든 개별자를 말한다. 자아가 바로 이 개별적 자아에 대해 말함으로써 자아 일반과 모든 자아에 대해 말한다. 각자는 자아가 바로 이 개별적 자아라고 말하는 존재이다.(……)

그러므로 감각적 확신은 자신의 본질이 대상에도 자아에도 존재하지 않으며 직접성은 대상의 직접성도 자아의 직접성도 아니라는 사실을 경험한다. 왜냐하면 대상이나 자아에게서 내가 생각하는 것은 비본질적인 것이며 대상과 자아는 내가 생각하는 지금, 여기, 자아와 같은 것이 그 가운데 존속하거나 존재하지 않는 보편자이기 때문이다. 이로써 우리는 감각적 확신의 전체를 그 본질로 정립하게 된다. 감각적 확신의 본질은 더 이상 감각적 확신의 한 계기에 지나지 않는 것이 아니다. 말하자면 처음에는 자아에 대립하는 대상이 감각적 확신의 실재이며 그 다음에는 자아가 그 실재라고 두 경우에서 보이는 바와 같은 것이 아니다. 따라서 존재하는 것은 그 자체의 직접성을 고수하며 이로써 앞에서 생겨난 모든 대립이 배제되는 전체의 감각적 확신뿐이다.

이와 같은 순수한 직접성은 더 이상 나무로서의 '여기'가 나무가 아닌 '여기'로 넘어간 '여기'의 타자존재와 관계하지 않으며 낮으로서의 '지금'이 밤으로서의 '지금'으로 넘어간 '지금'의 타자존재와 관계하지 않거나 다른 대상과 마주하는 다른 자아와 관계하지 않는다. 이 순수한 직접성의 진리는 그 자체가 동일하게 유지되는 관계이다. 이 관계는 자아와 대상 사이에 본질성과 비본질성을 구별하지 않으며, 따라서 이 관계에는 그 어떤 구별도 끼어들 수 없다. '이 존재'인 나는 '여기'를 나무라고 주장하면서 '여기'가 나무가 아닌 것이 되도록 방향을 돌리지 않는다. 나는 다른 내가 나무 아닌 '여기'를 보거나 내 자신이 다른 기회에 나무가 아닌 '여기'와 낮이 아닌 '지금'을 가정한다는 사실에 주의를 기울이지 않는다. 나는 오히려 순수하게 직관한다. 이 순수한 직관에서 나는 나에 대해 존재한다. 지금은 낮이거나, 여기는 나무일뿐이다. 나는 '여기'와 '지금'을 비교하지도 않는다. 오히려 나는 직접적 관계를 고수한다. 지금은 낮인 것이다.

(……)

'지금'은 '바로 이 지금'으로 명시된다. 그러나 이렇게 명시됨으로써 '지금'은 이미 '지금'이기를 중단했다. '지금'은 그것이 명시된 것과 다른 '지금'이다. 따라서 '지금'은 바로 이 지금이지만 그것이 있음으로써 더 이상 지금이 아니라는 사실이 드러난다. 우리에게 명시되는 '지금'은 이미 지나가 버린 지금인데, 바로 이것이 '지금'의 진리이다. '지금'은 존재의 진리를 갖지 않는다. 말하자면 '지금'이 있었다는 사실이 진리이다. 그러나 있었던 것은 사실상 본질이 아니다. 있었던 것은 존재하지 않지만, 그것은 존재에 관계했었다.

따라서 '지금'에 대한 명시는 다음과 같은 경로를 거쳐 가는 하나의 운동으로 드러난다. 1) 나는 '지금'을 가리키면서 '지금'이 참이라고 주장한다. 그렇지만 나는 '지금'을 과거적인 것이나 지양止揚된 것으로 명시함으로써 첫 번째 진리를 지양한다. 2) 나는 '지금'이 있었고 지양되었다는 사실을 '지금'의 두 번째 진리로 주장한다. 3) 그러나 과거의 지금은 현재 존재하지 않는다. 나는 있었던 것이나 지양된 것, 즉 두 번째 진리를 지양하며, 이로써 '지금'의 부정을 부정하고 지금이 있다는 첫 번째 주장으로 되돌아간다. 따라서 '지금'과 '지금'에 대한 명시는 어느 쪽이나 직접적인 단순함이 아니라 다양한 계기를 안고 있는 하나의 운동이라는 성질을 지닌다. '이것'이 정립되지만 오히려 '다른 것'이 정립되거나 '이것'이 지양된다. 이 '다른 것'이나 첫 번째 것의 지양은 다시 지양되어 첫 번째 것으로 되돌아간다. 그러나 자기 내적으로 반성된 이 첫 번째 것은 애초에 있었던 것, 즉 직접적인 것과 똑같은 것이 아니다. 그것은 자기 내적으로 반성된 것이거나, 존재하는 타자존재 가운데 머무는 단순한 것이다. '지금'은 절대 다수의 지금이다. 이것이 진정한 지금이다. 하루라는 지금은 시간이라는 많은 지금을 포함하고 있으며, 한 시간이라는 지금도 많은 분을 포함하고 있고, 바로 이 순간의 지금도 많은 지금을 포함하고 있는 것이다.

결국 지금을 명시하는 것은 진정한 지금이 무엇인지를 말하는 운동, 즉 진정한 지금은 결과나 다수의 지금을 총괄하는 것임을 말하는 하나의 운동이다. 그러므로 지금을 명시하는 것은 지금이 보편자라는 사실에 대한 경험이다.

(……)

이제 감각적 확신의 변증법은 다름 아니라 감각적 확신의 운동이나 경험의 단순한 역사이며 감각적 확신이 바로 이 역사라는 사실이 밝혀진다. 따라서 자연적 의식은 감각적 확신에 깃들어있는 진리인 이 결과를 향해 지속적으로 나아가며 이 진리를 경험하지만, 이와 마찬가지로 이 사실을 항상 망각하고 처음부터 운동을 다시 시작한다. 그러므로 이러한 보편적인 경험에 맞서서 '이것'이나 감각적인 것으로 나타나는 외부 사물의 실재나 존재가 의식에 대해 절대적 진리를 갖는다는 생각이 철학적 주장이나 심지어 회의주의의 결과로 제시된다면 이는 놀라운 일이다. 이러한 주장은 그 자체가 말하는 바를 모르고 있으며 그것이 말하려고 하는 것의 반대 사실을 말하고 있다는 것도 모른다. 의식에서 감각적인 '이것'의 진리는 보편적 경험이어야 한다. 그러나 보다 정확히 말하자면 그 반대가 보편적 경험이다. '여기에 나무가 있다' 나 '지금은 낮이다'와 같은 예에서 보듯이 모든 의식은 이러한 진리를 다시금 지양하며 반대의 사실을 말한다. 여기에는 나무가 없고 집이 있다는 것이다. (……) 따라서 모든 감각적 확신에서 참으로 경험되는 것은 우리가 살펴본 바와 같이 오로지 보편자로서의 '이것'이다.

감각적인 '이것'의 진리가 보편적인 경험이라는 예증을 내세우는 사람에게는 실천적인 것을 주의 깊게 살펴보라고 말할 수 있다. 감각적 대상의 실재가 진리와 확실성을 갖는다고 주장하는 사람들에게는 이들이 지혜의 초등학교로 되돌려져야 한다는 것이 말해질 수 있다. 이들은 고대의 케레스Ceres와 바카스Bacchus의 엘레우시스Eleusis 신비로 되돌려져야 하며 여기서 빵과 포도주를 먹고 마시는 비밀을 처음으로 체득해야 한다. 왜냐하면 이러한 비밀을 잘 전수받은 사람은 감각적 사물의 존재에 대해 의심할 뿐 아니라 그것에 대해 절망하며 사물 가운데서 사물이 없다는 사실을 완성시킬 뿐 아니라 이 무성無性의 완성을 관찰하기 때문이다. 동물도 이러한 지혜에서 배제되어 있지 않다. 보다 정확하게 말하자면 이러한 지혜가 속속들이 전수되었다는 사실을 동물 스스로 입증한다. 왜냐하면 동물은 그 자체로 존재하는 감각적 사물 앞에 머물러 있지 않으며 이 사물의 실재성을 의심하면서 그것의 무성을 전적으로 확신하는 가운데 이를 거침없이 먹어치우기 때문이다. 동물과 마찬가지로 전체의 자연은 감각적 사물의 진리가 무엇인지를 가르쳐주는 이런 명백한 신비의 축제를 벌인다.

그러나 감각적 대상의 실재가 진리와 확실성을 갖는다고 주장하는 사람들은 앞에서 언급한 바와 같이 자신들이 생각하는 것과 정반대의 것을 말한다. 우리는 이러한 현상을 통해 감각적 확실성의 본성에 대해 가장 잘 숙고할 수 있을 것이다. 이들은 외부 대상의 현존재에 대해 언급한다. 좀더 정확하게 말하면 이 대상은 현실적이고 절대로 개별적이며 전적으로 개인적이고 개체적인 것으로서 이와 절대적으로 동일한 것이라고는 전혀 없는 것으로 규정될 수 있다. 이들은 외부 대상의 현존재가 절대적 확실성과 진리를 갖는다고 생각한다. 이들은 내가 그 위에 이 사실을 기록하거나 이미 기록해놓은 한 장의 종이를 생각하지만, 자신이 생각하는 것을 말로 표현하지 못한다. 이들은 스스로가 생각하는 이 종이를 실제로 말하려고 하지만 이것은 불가능하다. 왜냐하면 이들이 생각하는 감각적 '이것'은 의식과 보편자에 귀속하는 언어에 도달할 수 없기 때문이다. 따라서 감각적 '이것'을 실제로 말하려고 하면, 이것은 원래의 모습을 상실하게 된다. (……) 따라서 말할 수 없는 것으로 불리는 것은 다름 아니라 비진리, 비이성적인 것, 단순히 생각된 것이다.

어떤 것에 대해서 그것이 현실적 사물과 외적 대상이라는 사실 이외에 더 이상 아무 것도 말해지지 않는다면, 이 어떤 것은 가장 보편적인 존재로만 표현되며 따라서 다른 것과의 구별성보다는 모든 것과의 동일성이 표현된다. 내가 개별적인 사물에 대해 말하면, 나는 오히려 이 개별적인 사물을 전적으로 보편적인 것으로 말한다. 왜냐하면 모든 것은 개별적인 사물이기 때문이다. 이와 마찬가지로 '이' 사물은 사람들이 의도하는 모든 사물이다. 보다 정확하게 이 한 장의 종이라고 명시할 때에도 모든 종이는 바로 '이' 종이가 되며, 나는 늘 보편자만을 말하게 된다. 생각을 곧바로 변화시키며 다른 것이 되게 하고 심지어 이 생각에게 말할 기회를 주지 않는 신적 속성을 갖는 언표言表(Sprechen)를 내가 한 장의 종이를 제시함으로써 보충하고 마무리하려고 한다면, 나는 감각적 확실성의 진리가 보여주는 실제적인 모습을 경험한다. 나는 한 장의 종이를 하나의 '여기'로 제시하지만, 이 '여기'는 다른 '여기'의 '여기'이거나 그 자체에 깃들어 있는 수많은 '여기'의 단순한 집합, 즉 보편자이다. 이렇게 해서 나는 한 장의 종이의 진정한 모습을 받아들인다. 직접적인 것에 대한 앎 대신에 지각에 이른 것이다.(82~92)

2장
자기의식과 주인과 노예의 변증법

자기의식의 자립성과 비자립성: 주인과 노예

자기의식은 타자에 대해 즉자대자적卽自對自的(an und für sich)으로 존재함으로써 그 자체에 머물러 있기도 하고 타자에 대해 있기도 한다. 말하자면 자기의식은 오로지 인정받은 존재로 있다. 이와 같이 자기의식의 이중화에 깃들어있는 자기의식의 통일성 개념, 즉 자기의식 가운데서 실현되는 무한성의 개념은 다면적이고 다의적으로 뒤얽혀 있어서, 이 무한성을 이루는 계기들은 정확하게 구별된 것으로뿐만 아니라 이러한 구별에서도 구별된 것이 아니거나 늘 구별과 대립하는 의미로 받아들여지고 인식되어야 한다. 구별자가 갖는 이중의 의미는 자기의식의 본질에 나타나 있다. 자기의식은 무한히 또는 즉각적으로 그 자체를 정립한 규정성의 정반대가 되는 것을 그 본질로 한다. 이중화에 깃들어있는 이러한 정신적 통일성의 개념을 설명하는 것은 '인정'의 운동을 드러낸다.

자기의식에 대해 다른 자기의식이 있다. 자기의식은 자신을 벗어나 있다. 이 사실은 이중적 의미를 갖는다. 첫째, 자기의식은 자신을 상실했다. 왜냐하면 자기의식은 스스로를 타자존재로 생각하기 때문이다. 둘째, 이로써 자기의식은 타자를 지양했다. 왜냐하면 그는 타자를 특정한 존재로 보는 것이 아니라 타자 속에서 자기 자신을 보기 때문이다.

자기의식은 이러한 자신의 타자존재를 지양해야 한다. 이것은 위에서 언급한 첫 번째 이중 의미의 지양이며 그렇기 때문에 그 자체가 다음과 같은 두 번째 이중 의미가 된다. 첫째, 자기의식은 자신을 특정한 존재로 확신하기 위해 다른 자립적 존재의 지양을 목표로 삼아야 한다. 둘째, 이와 동시에 자기의식은 자기 자신의 지양을 목표로 삼아야 한다. 왜냐하면 이 타자가 바로 자기 자신이기 때문이다.

이중의 의미를 지닌 자기의식의 타자를 이렇게 이중의 의미로 지양하는 것은 똑같이 이중적 의미를 지니는 자기 자신으로의 복귀이다. 그 이유는 다음과 같다. 첫째, 자기의식은 지양을 통해 자기 자신을 되돌려 받는다. 왜냐하면 자기의식은 자신의 타자존재를 지양함으로써 다시금 자신과 동일하게 되기 때문이다. 둘째, 이와 마찬가지로 자기의식은 다른 자기의식을 그에게 되돌려준다. 왜냐하면 타자 속에 있었던 자기의식은 타자 속에 있는 자신의 존재를 지양하고 타자를 다시금 자유롭게 놓아주기 때문이다.

자기의식과 다른 자기의식과의 관계에서 생겨나는 운동은 이와 같은 방식으로 한쪽 편의 행위로 표상되었지만, 한쪽의 행위는 다른 쪽의 행위이기도 하다는 이중의 의미를 지닌다. (……) 말하자면 운동은 전적으로 두 개의 자기의식이 수행하는 이중 운동이다. 각자는 자신이 행하는 것을 타자도 똑같이 행하는 것을 본다. 각자는 타자에게 요구하는 것을 스스로 행하며, 따라서 타자도 똑같은 것을 행하는 한에서만 타자가 행하는 것을 자신도 행한다. 한쪽의 행위는 아무런 소용이 없다. 실현되어야 하는 것은 양자를 통해서만 이루어질 수 있기 때문이다.

행위는 자신에 대한 행위일 뿐 아니라 타자에 대한 행위인 한에서만 이중의 의미를 지니며, 불가분리적으로 한쪽의 행위이면서 다른 쪽의 행위인 한에서도 이중의 의미를 지닌다. (……) 중심은 양극으로 나누어지는 자기의식이다. 양극은 각각 자신의 규정성의 교환이며 반대편을 향한 절대적 이행이다. (……) 각자는 타자에게 중심이다. 각자는 이 중심을 통해 자기 자신과 매개되고 통합된다. 각자는 자신과 타자에게 직접적인 대자존재이며, 이 대자존재는 이러한 매개를 통해서만 대자적이다. 이 두 자기의식은 서로를 인정하며 스스로를 상호 인정하는 존재로 받아들인다.

자기의식이 그 통일성에서 이중화된다는 이와 같은 인정의 순수한 개념은 이제 인정의 과정이 자기의식에게 어떻게 나타나는지를 고찰한다. 인정의 순수한 개념은 먼저 두 개의 자기의식이 동등하지 않다는 측면을 서술하거나 중심이 양극으로 들어서는 것을 서술한다. 여기서 양극은 양극으로서 서로 대립하며 이 양극으로부터 한쪽은 인정받기만 하고 다른 한쪽은 인정하기만 한다.

자기의식은 먼저 단순한 대자존재이며, 다른 모든 존재를 자기로부터 배제함으로써 자기동일성을 지닌다. 그의 본질과 절대적 대상은 그에게 자아이다. 이와 같은 직접성이나 자신의 대자존재에 머무는 자기의식은 곧 개인이다. 그러므로 자기의식에 대하여 타자인 것은 부정적 성격을 지닌 것으로 특징지어진 비본질적 대상이다. 그러나 이러한 타자도 자기의식임에 틀림없으므로 여기에는 한 개인에 대립하는 또 하나의 개인이 등장한다. 이들은 직접적으로 나타나면서 서로가 통속적인 의미에서 말해지는 대상의 양식을 띤다. 이들은 자립적 형태이며 생의 존재로 침잠된 의식이다. 생에 대한 언급이 나오는 이유는 존재하는 대상이 여기서는 생으로 규정되기 때문이다. 이 자립적 형태들은 모든 직접적 존재를 절멸시키고 오로지 자기 동일적 의식의 순수 부정적 존재이려고 하는 절대적 추상의 운동을 아직까지 서로에게 완전히 관철시키지 못했거나, 자신이 순수한 대자존재와 자기의식임을 상대방에게 서술하지 못했다. 이들은 각자가 자기 자신만을 확신할 뿐 타자까지도 확신하는 것은 아니므로 자신에 대한 자기만의 확신은 아직 진리를 소유할 수 없다. 왜냐하면 각자의 진리는 자기만의 대자존재가 그에게 자립적인 대상으로 서술되거나, 그 대상이 이와 같은 순수한 확신으로 서술되어야 하기 때문이다. 그러나 이러한 사실은 다음과 같은 인정의 개념을 따를 때 일어날 수 없다. 인정은 타자가 각자에 대해 있는 것처럼 각자도 타자에 대해 있는 것이며, 각자는 원래 자기만의 고유한 행위를 통해서 이러한 대자존재의 순수한 추상을 완수하는 것처럼 다시금 타자의 행위를 통해서 대자존재의 순수한 추상을 완수하는 것이다.

각각의 개인을 자기의식의 순수한 추상으로 서술하는 것은 각자가 지닌 대상적 양식을 순수하게 부정하는 것이며, 또는 각자가 특정한 현존재 및 일반적인 개별적 현존재와 결부되어 있지 않을 뿐 아니라 생과 결부되어 있지 않다는 것을 말한다. 이러한 서술은 타자의 행위 및 자기 자신을 통한 행위라는 이중의 행위이다. 이 행위가 타자의 행위인 한에서 각자는 타자의 죽음을 지향한다. 그러나 여기에는 자기 자신을 통한 행위라는 두 번째 행위도 들어있다. 왜냐하면 타자의 행위에는 자기 고유의 생을 내건다는 사실이 포함되어 있기 때문이다. 그러므로 양쪽의 자기의식이 맺는 관계는 양자가 생명과 죽음을 건 투쟁을 통해 자기 자신과 서로를 보존하는 것으로 규정된다.

(……)

이와 같은 경험을 통해 생명은 자기의식에게 순수한 자기의식과 같이 본질적이라는 사실이 형성된다. 직접적 자기의식에서 단순한 자아는 절대적 대상인데, 이 대상은 우리에게서(für uns)나 그 자체로(an sich) 절대적 매개이며 그 본질적 계기는 존립하는 자립성이다. 위에서 말한 단순한 통일성의 해소는 곧 최초의 경험이 만들어낸 결과이다. 이러한 경험을 통해 순수한 자기의식이 정립되며, 더 나아가 순수하게 자기를 위한 의식이 아닌 타자를 위한 의식이 정립된다. 말하자면 이 의식은 현존하는 의식이거나 사물의 특성을 지닌 의식이다. 이 두 계기는 본질적이다.

우선 이 두 계기는 동일하지 않으며 서로 대립하고 있고 이 두 계기의 반성이 아직 통일되지 않았기 때문에, 이 둘은 서로 대립하는 의식의 두 형태로 존재한다. 하나는 대자존재

(Fürsichsein)를 본질로 하는 자립적 의식이며, 다른 하나는 생명이나 대타존재(Sein für Anderes)를 본질로 하는 비자립적 의식이다. 전자는 주인이며, 후자는 노예이다.

주인은 대자적으로 존재하는 의식이다. 그러나 주인은 이러한 의식의 개념에 그치는 것이 아니라 다른 의식을 통해 자기와 매개되는 대자적 의식이다. 말하자면 자립적 존재나 물성 일반과 통합되는 것을 그 본질로 하는 의식을 통해 매개되는 의식인 것이다. 주인은 이 두 계기, 즉 욕구의 대상인 사물자체에 관계하며 물성을 본질적 요소로 삼는 의식에 관계한다. 주인은 1) 자기의식의 개념으로서 대자존재의 직접적 관계이지만 2) 이와 동시에 매개로 있거나 오로지 타자존재를 통해서만 대자적인 대자존재로 있기 때문에, 자기의식의 개념은 1) 직접적으로 양자에 관계하며 2) 매개적으로 타자를 통해 각각의 존재에 관계한다. 주인은 자립적 존재를 통해 매개적으로 노예에 관계한다. 왜냐하면 노예는 이 자립적 존재에 의존하기 때문이다. 자립적 존재는 노예가 투쟁과정에서 도외시할 수 없었던 사슬이므로 노예는 자신의 자립성을 물성에서 가지는 비자립적인 존재로 입증된다. 그러나 주인은 이러한 존재를 지배하는 힘과 권력이다. 왜냐하면 주인은 투쟁을 통해 이 존재가 그에게 단지 부정적인 것으로 간주될 뿐이라는 사실을 입증했기 때문이다. 주인은 이 존재를 지배하는 힘이지만 이 존재는 타자를 지배하는 힘이므로 이러한 추론에서 주인은 이 타자를 자신에게 종속시킨다. 이와 마찬가지로 주인은 노예를 통해 매개적으로 사물과 관계한다. 노예도 자기의식 일반으로서 사물에 부정적으로 관계하며 사물을 지양한다. 그렇지만 사물은 노예에 대해 자립적으로 존재한다. 따라서 노예는 자신의 부정하는 활동을 통해 사물의 절멸을 완성할 수 없거나 기껏해야 사물을 가공하는 데 그친다. 이에 반해 주인에게는 노예의 이러한 매개를 통해 직접적인 관계가 사물에 대한 순수한 부정으로 변하는 일이 일어난다. 주인은 향유하는 것이다. 주인은 욕구가 달성하지 못했던 것을 이루며 향유하는 가운데 만족하게 된다. 욕구는 사물의 자립성 때문에 이것을 이루지 못했다. 그러나 주인은 사물과 자신 사이에 노예를 끼워 넣음으로써 사물의 비자립성과 통합되며 사물을 향유한다. 주인은 사물을 가공하는 노예에게 사물이 갖는 자립성의 측면을 맡긴다.

이 두 계기에서 주인의 인정은 다른 의식을 통해 이루어진다. 왜냐하면 다른 의식은 사물을 가공하는 데서뿐만 아니라 특정 현존재에 대한 의존성에서 비본질적인 존재로 정립되기 때문이다. 그는 두 경우에서 존재를 지배할 수 없으며, 절대적으로 부정할 수도 없다. 따라서 타자 의식이 대자존재인 자신을 지양하고 이를 통해 첫째 의식이 자신에 대해 행한 것을 스스로 행한다는 사실 가운데 인정의 계기가 들어있다. 이와 마찬가지로 둘째 의식의 행위는 원래 첫째 의식의 행위라는 점에도 인정의 계기가 들어 있다. 왜냐하면 노예의 행위는 원래 주인의 행위이기 때문이다. 주인에게는 대자존재만 있으며 본질만 있다. 주인은 순수한 부정적 힘이며 이 힘에 대해 사물은 아무 것도 아니다. 따라서 주인은 이 관계에서 순수한 본질적 행위이지만, 노예는 순수한 행위가 아니라 비본질적인 행위이다. 그러나 본래적인 인정에는 주인이 타자에 대해 행한 것을 자신에 대해서도 행하며 노예가 자신에 대해 행한 것을 타자에 대해서도 행하는 계기가 결여되어 있다. 이로써 일면적인 인정과 부등한 인정이 발생한다.

주인의 입장에서 볼 때 비본질적인 의식은 그의 확실성의 진리를 형성하는 대상이다. 여기서 이 대상은 주인의 개념에 일치하지 않을 뿐 아니라 주인이 완수했던 것에서 그에게 자립적 의식과는 전혀 다른 것이 이루어진다는 사실이 밝혀진다. 이 전혀 다른 것은 이제 주인을 위한 의식이 아니라 비자립적 의식이다. 주인은 진리인 대자존재를 확신하지 못한다. 오히려 그의 진리는 비본질적 의식이며 이 의식의 비본질적 행위이다.

따라서 자립적 의식의 진리는 노예의 의식이다. 노예의 의식은 우선 자기 바깥에서 나타날 뿐이며 자기의식의 진리로 나타나지 않는다. 그렇지만 지배의 본질이 그가 의도하는 것의 전도로 드러났던 것처럼 예속도 그것이 완성되어 가는 가운데 직접적인 예속 상태의 정반대가 된다. 예속은 자기 안으로 되밀려 들어간 의식으로서 자신을 성찰하며 진정한 자립성으로 역전된다. (……)

노예의 의식은 오직 노동을 통해서만 자기 자신에게 이른다. 주인의 의식 속에 깃들어있는 욕구에 일치하는 계기에서는 사물에 대한 비본질적인 관계의 측면이 주인을 위해 섬기는 의식에게 떠맡겨진 것으로 보인다. 왜냐하면 여기서는 사물이 자립성을 유지하기 때문이다. 여기서 주인의 욕구는 대상을 순수하게 부정하며 이를 통해 순수한 자아 감정을 간직한다. 그러나 이런 이유로 해서 주인이 만끽하는 충족은 소멸될 수밖에 없다. 이러한 충족에는 대상적 측면이나 존립의 측면이 결여되어 있기 때문이다. 이와 달리 노동은 억제된 욕구이며 저지된 소멸이다. 다르게 말하면 노동은 그 무엇인가를 형성한다. 대상에 대한 부정적 관계는 대상의 형식이 되며 존속하는 것이 된다. 왜냐하면 노동하는 자에게는 대상이 자립성을 갖는 것으로 나타나기 때문이다. 이러한 부정적 중심 또는 형성하는 행위는 동시에 개별성이거나 의식의 순수한 대자존재로서 노동을 하는 가운데 자기 바깥에 머물고 있는 존

재의 요소로 들어선다. 이를 통해 노동하는 의식은 자립적 존재가 바로 자신임을 직관한다.(145~154)

3장

이성의 경험,
그리고 개체성과 보편성의 뒤얽힘

이성의 확실성과 진리

이성은 그 자체가 모든 실재라는 의식의 확실성이다. 관념론은 이성의 개념을 이렇게 표현한다. 이성으로 등장하는 의식이 직접적으로 이러한 확실성을 갖는 것처럼, 관념론도 이러한 확실성을 직접적으로 표현한다. 말하자면 자아=자아라는 표현에서 나에게 대상인 나는 자기의식 일반이나 자유로운 자기의식에서와 같은 의미를 지니지 않는다. 전자에서는 내가 공허한 대상에 불과하며 후자에서는 나와 병존하면서 타당하게 존재하는 다른 대상으로부터 물러나 있는 대상에 지나지 않는다. 오히려 여기서 나는 그 어떠한 다른 대상도 존재하지 않는다는 의식을 지닌 유일한 대상이며 그 자체가 모든 실재이자 현재이다. 그러나 자기의식은 그 자체가 이러한 실재가 되거나 오히려 자신이 이러한 실재임을 입증함으로써 대자적으로뿐만 아니라 즉자적으로 비로소 모든 실재가 된다.

(……)

이성은 그 자체가 모든 실재라는 확신이다. 그러나 이러한 즉자나 실재는 아직 전적으로 일반적인 것이며 실재에 대한 순수한 추상이다. 이것은 자기의식이 그 자체로 대자적이라는 최초의 긍정성이며, 따라서 자아는 존재자의 순수한 본질성이거나 단순한 범주에 불과하다. 지금까지 범주란 존재자의 본질성, 즉 무규정적으로 존재자 일반의 본질성이라고도 하고 의식에 대립되는 존재자의 본질성이라고도 했지만, 여기서 범주는 오로지 사유하는 현실로서의 존재자의 본질성 내지 그 단순한 통일성이다. 달리 말하면 범주는 자기의식과 존재가 동일한 본질임을 지시한다. 여기서 자기의식과 존재는 둘의 비교를 통해서가 아니라 즉자대자적으로 동일한 본질이다. 단지 일면적인 잘못된 관념론만이 이 통일성을 한편에서 의식으로 등장시키면서 다른 한편에서는 이 의식에 맞서 물자체를 등장시킨다.

이러한 범주 혹은 자기의식과 존재의 단순한 통일성은 원래 구별을 지니고 있다. 왜냐하면 범주의 본질은 타자존재나 절대적 구별 가운데서 직접적으로 자기 자신과 동일하기 때문이다. 그러므로 구별은 완전히 투명하며 그렇기 때문에 구별이 아닌 구별로 존재한다. 구별은 다수의 범주로 나타난다. 오로지 절대 부정적 본질만이 부정과 규정 또는 구별을 자체 내에 소유하는데, 관념론은 자기의식의 단순한 통일성을 모든 실재로 언명하고 이 실재를 절대 부정적 본질로 파악하지 않은 채 이를 곧바로 본질로 여김으로써 '이성이 모든 실재'라는 위의 주장보다 더 파악하기 어려운 주장, 즉 '범주 가운데 구별이나 종이 있다'는 새로운 주장이 등장한다.(……)

이와 같이 사물의 순수한 본질성은 그 구별과 마찬가지로 이성에 귀속되기 때문에 사물에 대해서는, 즉 의식에 대해 오로지 부정적인 것으로만 존재하는 것에 대해서는 더 이상 언급할 수 없다. 왜냐하면 다수의 범주는 순수한 범주의 종이기 때문이다. 순수한 범주는 다수의 범주의 유나 본질일 뿐 다수의 범주와 대립하는 것이 아니다. 그러나 다수의 범주는 불명료한 의미를 지닌다. 다수의 범주는 그 다수성 가운데 순수한 범주에 맞서는 타자존재도 동시에 갖는 것이다. 다수의 범주는 다수성을 통해 실제로 순수한 범주에 모순된다. 따라서 순수한 통일성은 다수성을 지양해야 하며 이를 통해 스스로를 구별의 부정적 통일로 구성한다. 그러나 순수한 범주는 부정적 통일성으로서 구별 그 자체뿐만 아니라 최초의 직접적인 순수한 통일성 자체도 자신으로부터 배제한다. 이것은 새로운 범주인 개별성(Einzelheit)이다. 이 새로운 범주는 배타적 의식으로서 그것에 대해 타자가 맞서 있다. 개별성은 그 개념으로부터 외적 실재로의 이행이며 순수한 도식이다. 이 순수한 도식은 개별성이자 배타적 일자인 의식과 함께 하는 것과 마찬가지로 타자에 대한 지시이기도 하다. 개별성이라는 새로운 범주의 타자들은 최초의 다른 범주들, 즉 순수한 본질성과 순수한 구별이다. 이 개별성 가운데서, 즉 타자가 정립되어 있는 상태나 이러한 타자 자체 가운데서 의식은 마찬가지로 의식 자체로 존재한다. 이 모든 상이한 계기들은 타자를 가리키지만, 타자는 이 계기에서 동시에 그 어떤 타자존재에도 이르지 않는다. 순수한 범주는 부정적 범주나 개별성으로 이행하는 종을 가리킨다. 부정적 범주는 순수한 범주를 되돌아 지시한다. 부정적 범주나 개별성 자체는 모든 계기에서 자기와의 청명한 통일성으로 남아 있는 순수한 의식이다. 이와 마찬가지로 통일성은 타자를 지시하지만, 여기서 타자는 존재하면서 사라지고 사라지면서 다시금 산출되는 타자이다.(179~183)

이성적 자기의식의 자기실현

자기의식은 사물을 자기로 파악하고 자기를 사물로 파악한다. 다시 말해서 자기의식은 자신이 즉자적으로 대상적 현실이라는 사실을 자각한다. 자기의식은 더 이상 자신이 모든 실재라는 직접적 확실성이 아니며 직접적인 것 일반이 지양의 형식을 띠는 확실성이다. 이로써 직접적인 것의 대상성은 표피적인 것으로 간주될 뿐이며 그 내면과 본질은 자기의식 그 자체이다.

따라서 자기의식이 적극적으로 관계하는 대상은 자기의식 자신이다. 대상은 사물성의 형식을 띠고 있는 자립적 존재이다. 그러나 자기의식은 이 자립적 대상이 자신에게 낯선 존재가 아니라는 확신을 갖고 있다. 이를 통해 자기의식은 자신이 대상에 의해 인정받고 있다는 사실을 인식한다. 이러한 자기의식은 정신이다. 다시 말해서 자기의식은 자신의 이중화에서 뿐만 아니라 자신과 대상의 자립성에서 자신의 통일성을 유지하고 있다는 사실을 확신하는 정신이다. 이러한 확신과 확실성은 진리로 고양되어야 한다. 자신이 즉자적이며 내적 확실성을 띠고 있다는 자기의식에게 타당한 사실은 이제 그의 의식에 등장해야 하며 대자적 사실이 되어야 한다.

자기의식의 자기실현이 거치는 일반적인 단계들은 지금까지 의식이 경험한 도정과 비교해 볼 때 잘 드러난다. 말하자면 관찰하는 이성이 범주의 요소에서 의식의 운동을 감각적 확실성과 지각과 오성으로 반복한 것처럼, 이성의 자기실현도 자기의식의 이중운동을 거치며 자립성에서 자신의 자유로 이행한다. 먼저 이러한 활동하는 이성은 자기 자신을 오로지 개인으로 의식하며 개인으로서 자신의 현실을 타자에게 요구하고 산출해야 한다. 그 다음에는 개인이 자신의 의식을 보편성으로 고양함으로써 이 의식은 보편적 이성이 되며, 더 나아가 자신을 이성으로, 다시 말해서 자신의 순수한 의식 가운데 모든 자기의식을 통합하는 즉자대자적으로 인정받은 존재로 의식한다. 이 의식은 단순한 정신적 존재이다. 이 정신적 존재는 그 자체가 동시에 의식에 등장하는 실재적 실체이다. (……)

우리 가운데서 발생한 개념이라는 목표, 즉 타자의 자유로운 자기의식 속에서 자기를 확신하고 거기서 자기의 진리를 발견하는 인정받은 자기의식을 실재하는 것으로 받아들이거나, 이러한 내적 정신을 현존의 모습으로 성장한 실체로 부각시키면 이 개념 가운데서 인륜의 왕국이 드러난다. 왜냐하면 인륜성의 본질은 개인의 자립적인 현실 가운데서 절대적인 정신적 통일성으로 나타나기 때문이다. 여기서는 그 자체로 보편적인 자기의식이 다른 의식 가운데 현실적으로 존재한다. 말하자면 이 다른 의식은 완전한 독자성을 가지며 보편적 자기의식에 대해서 하나의 사물이다. 또한 보편적 자기의식은 여기서 타자와 통일되어 있음을 의식할 뿐 아니라 이 대상적 존재와 통일됨으로써 비로소 자기의식이 된다. 이와 같이 보편적인 추상성을 띤 인류적 실체는 생각 속에 있는 법에 지나지 않는다. 그러나 이와 마찬가지로 인류적 실체는 곧바로 현실적 자기의식이거나 관습이다. 이와 반대로 개별적 자기의식은 이렇게 존재하는 일자에 지나지 않는다. 왜냐하면 개별적 자기의식은 자신의 존재인 자신의 개별성에서 보편적 의식을 의식할 뿐 아니라 그 행위와 현존이 바로 보편적 관습이기 때문이다.

민족의 삶에서는 실제로 자기의식적 이성의 실현이라는 개념이 타자의 자립성 가운데서 타자와의 완전한 통일성을 직관해야 하거나, 나 자신의 부정성으로 규정되는 타자의 자유로운 물성을 대아존재對我存在와 타자 자신의 완전한 실재로 대상화해야 한다. 이성은 유동적인 보편적 실체와 불변하는 단순한 물성으로 현존한다. 이 물성은 별빛이 독자적으로 빛나는 헤아릴 수 없이 많은 점들로 분산되듯이 완전히 자립적인 다수의 존재로 분산된다. 이들 존재는 그 자체가 단순한 자립적 실체 가운데 용해되어 있을 뿐 아니라 그 자체가 독자적으로 존재한다. 개개인은 자신의 개별성을 희생함으로써, 그리고 보편적 실체가 곧 자신의 영혼이며 본질이라는 사실을 통하여 자신이 개별적이고 독자적인 존재임을 의식한다. 이러한 보편은 다시금 개별자의 행위이거나 개별자가 산출한 작품이다.

개인의 순수하고 개별적인 행위와 충동은 개인을 자연존재, 즉 존재하는 개별성으로 갖는 욕구와 관계한다. 욕구와 관계하는 개인의 가장 일상적인 기능이 소멸되지 않고 현실화된다는 사실은 보편적 보존매체 또는 전체 민족의 힘을 통하여 일어난다.

그러나 개인은 보편적 실체 속에서 자신의 행위 일반의 존립 형식만 아니라 그 내용도 갖는다. 개인의 행위는 만인의 보편적 능숙함이며 만인의 관습이다. 완전히 개별화되는 행위의 내용은 현실 속에서 만인의 행위에 제약된다. 자신의 욕구를 채우기 위한 개인의 노동은 자신의 욕구충족과 마찬가지로 타자의 욕구충족이며, 개인은 자신의 욕구충족을 오로지 타자의 노동을 통해서만 달성한다.

개인은 개인적인 노동을 하면서 이미 보편적 노동을 무의식적으로 수행하는 바와 같이 보편적인 노동도 자신의 의식적인 대상으로 완수한다. 전체는 전체로서 개인의 작품이 된다. 개인은 이 작품을 위해 희생하지만 이를 통해 자기 자신을 되찾는다. 여기에는 그 어떤 것도 교호적이 아닌 것이 없다. 개인의 독자성이 해체되고 부정되는 것에 개인의 자립화라는 긍정적인 의미가 부여되지 않는 경우는 존재하지 않는다. 타자를 위한 존재 또는 자신을 물화하는 존재와 대자적 존재 사이의 이러한 통일, 즉 이러한 보편적 실체는 민족의 관습과 법률을 통해 그 보편적 언어를 말한다. 그러나 이러한 불변적 존재는 다름 아니라 이 언어에 맞서 있는 것으로 보이는 개체성의 표현이다. 법률은 모든 개인의 존재와 행위의 표현이다. 개인은 법률을 자신의 보편적인 대상적 사물성으로 인식할 뿐 아니라 자기 자신을 이 법률 가운데서 인식한다. 또는 개인은 법률을 자신의 개체성 가운데는 물론이고 더불어 사는 사람들 가운데 개별화되어 있는 것으로 인식한다. 따라서 만인은 보편정신 속에서 오로지 자기 자신에 대한 확실성을 갖는다. 만인은 존립하는 현실 가운데서 자기 자신 이외의 그 어떤 것도 발견하지 않는다는 자기 확실성을 갖는 것이다.

그 어디를 둘러봐도 모든 인간은 나와 마찬가지로 스스로를 자각하는 자립적 존재이다. 나는 타자와 자유롭게 통일되어 있는 나의 모습을 타자 속에서 직관한다. 타자는 타자 자신을 통해서 존재하는 것처럼 나를 통해서 존재한다. 타자는 나로 존재하며 나는 타자로 존재하는 것이다.

그러므로 자유로운 민족 가운데 이성이 진정으로 실현되어 있다. 이성은 현존하는 생동적 정신이다. 개인은 이러한 정신 가운데 자신의 보편적이고 개별적인 존재가 표현되어 있으며 자신이 물성으로 현존한다는 자신의 규정을 발견한다. 더 나아가 개인은 이 정신 가운데서 바로 이러한 존재이며 자기 자신의 규정에 도달한다. 따라서 고대의 지혜자는 민족의 관습에 걸맞게 사는 것이 지혜와 덕이라고 말한다.

우선 개념적으로만 정신이며 직접적인 모습을 띠는데 그치는 자기의식은 개인이 자신의 규정에 도달하고 이 규정 가운데 생활한다는 행운을 벗어나 있거나 아직까지 이러한 상태에 이르지 못했다. 왜냐하면 이 둘은 동일한 방식으로 언급될 수 있기 때문이다.

이성은 이러한 행운에서 빠져 나와야 한다. 왜냐하면 자유로운 민족의 삶은 즉자적으로나 직접적으로만 실재적 인륜성이기 때문이다. 또는 실재적 인륜성은 존재하는 인륜성이다. 따라서 이러한 보편적 정신 자체는 개별적 정신이며 관습과 법률의 전체이고 규정적인 인륜적 실체이다. 이러한 인륜적 실체는 보다 높은 계기에 도달해서야, 다시 말해서 그 자체의 본질에 대한 의식에 이르러서야 비로소 제약을 벗어난다. 인륜적 실체는 오로지 이러한 인식을 통해서만 절대적 진리를 소유하며, 진리를 그 존재 가운데서 직접적으로 가질 수 없다. 존재의 형식을 띠는 인륜적 실체는 제약된 실체이다. 정신이 [인식이 아니라] 이러한 존재의 형식을 띤다는 사실은 절대적 제약이다.

그러므로 실재적인 인륜성이나 민족 가운데서 자신의 실존을 직접적으로 소유하는 바와 같은 개별적 의식은 정신이 그 추상적 계기로 해소되지 않았으며 자신이 순수한 개별성으로서 독자적으로 존재한다는 사실을 알지 못하는 기이한 신뢰행위이다. 그러나 이 의식이 마땅히 그렇게 해야 하는 바와 같이 이러한 생각에 도달하게 되면 정신과의 이런 직접적 통일성이나 정신의 존재, 정신의 신뢰는 사라진다. 존재가 그 자체로 고립되면 이제 그것은 더 이상 보편적 정신이 아니다. 이러한 개별적인 자기의식의 계기는 보편적 정신 가운데 있지만, 그것이 독자적으로 등장하는 것과 마찬가지로 이 보편적 정신 가운데서 해소되어 버리며 다만 신뢰로서 의식에 등장할 뿐이다. 실제로 모든 계기는 그것이 존재의 계기이기 때문에 존재로서의 자신을 표현하는 데까지 나아가야 한다. 개인은 자신을 이와 같이 고정시킴으로써 법률과 관습에 대립한다. [이렇게 되면] 법률과 관습은 절대적 본질성이 결여된 사상에 지나지 않으며 현실성이 없는 추상적 이론이 된다. 이에 반해 개인은 바로 이러한 자아로서 그 자체가 생동적인 진리이다.

또는 다르게 말해서 자기의식은 아직 인륜적 실체나 민족의 정신이라는 이러한 행복에 도달하지 못했다. 왜냐하면 정신은 관찰에서 자신으로 돌아오기는 했지만 아직 자기 자신을 통해 실현되지 않았기 때문이다. 정신은 기껏해야 내적 본질이나 추상으로 정립되어 있을 뿐이다.

또는 다르게 말해서 정신은 우선 직접적이다. 직접적으로 존재하는 정신은 개별적이다. 정신은 실천적 의식이다. 정신은 자기 앞에 펼쳐진 세계로 목적을 가지고 진입해 들어가며, 개별자를 이렇게 규정하는 가운데 자신을 이중화하고, 스스로를 바로 이러한 존재 또는 자신의 분신으로 산출하며, 정신 자신의 현실과 대상 존재의 통일을 의식하는 실천적 의식인 것이다. 실천적 의식은 이러한 통일성에 대한 확신을 갖는다. 실천적 의식에게는 이 확신이 그 자체로 주어져 있을 뿐 아니라 자신의 확신과 사물성의 일치가 이미 주어져 있다. 실천적 의식은 자신을 통해서 이러한 일치에 도달해야 한다. 실천적 의식의 산출은 바로 확실성의 발견이다. 이러한 통일은 행복을 뜻하므로 자신의 행복을 추구하는 개인은 이로써 자신의 정신으로부터 세계로 내보내진다.(263~268)

4장
인류와 문화의 경험, 그리고 양심의 변증법

정신의 개념

이성은 정신이다. 이성 자신이 모든 실재라는 확실성이 진리로 고양됨으로써, 그리고 이 확실성이 세계로 의식되고 세계가 이성 자신으로 의식됨으로써 이성은 정신이 된다. 정신의 생성은 의식의 대상과 순수 범주가 이성의 개념으로 고양된 운동을 지시한다. 관찰하는 이성에서는 자아와 존재의 순수한 통일성 및 대자존재와 즉자존재의 순수한 통일성이 즉자존재나 존재로 규정된다. 여기서 이성의 의식이 발견된다. 그러나 관찰의 진리는 이러한 직접적인 발견의 본능과 진리의 몰의식적인 현존을 지양한다. 직관된 범주와 발견된 사물은 의식으로 들어선다. 즉, 자신을 대상적 존재 가운데서 자기로 아는 자아의 대자존재인 의식으로 들어선다. 그러나 범주의 규정, 즉 즉자존재에 대립하는 대자존재의 규정은 마찬가지로 일면적이며 자기 자신을 지양하는 계기이다. 그러므로 범주는 그 자체가 보편적 진리 가운데 존재하는 것과 마찬가지로 의식에 대해서는 즉자대자적 본질로 규정된다. 사실(Sache) 자체를 형성하는 이 추상적 규정은 먼저 정신적 본질이다. (……) 그러나 실제로 의식으로 존재할 뿐 아니라 스스로를 표상하는 즉자대자적인 본질은 정신이다.

정신이 보여주는 정신적 본질은 이미 인륜적 실체로 특징지어진 바 있다. 그러나 정신은 인륜적 현실성이다. 정신은 현실적 의식의 자기이다. (……) 정신은 실체이며 자기 동일적으로 존재하는 보편적 본질이다. 정신은 만인의 행위를 가능하게 하는 부동의 근거와 출발점이며, 그 목적이자 목표이고 모든 자기의식의 반성된 즉자이다. 이러한 실체는 만인과 각자의 행위를 통해 이들의 통일성과 동일성으로 산출되는 보편적 작품이다. 왜냐하면 실체는 대자존재이며 자기이고 행위이기 때문이다. 정신은 실체로서 올바르고 흔들림이 없는 자기동일성이다. 그러나 정신은 대자존재로서 [즉자존재에서] 해체된 존재이며 자신을 희생하는 선한 본질이다. 이러한 본질에서 각자는 자기만의 작품을 산출하고 보편적 존재를 찢으며 그 가운데서 자신의 부분을 취한다. 이와 같이 본질을

해체하고 개별화하는 것이 만인의 행위가 보여주는 계기이
며 만인의 자기가 갖는 계기이다. 바로 이 계기가 실체의 운
동과 영혼이며 [구체적인 현실에] 작용된 보편적 본질이다. 실
체는 그 자체가 자기 속에서 해체된 존재라는 사실에서 죽은
본질이 아니라 현실적이며 생동적인 본질이다.

　이로써 정신은 자기 자신을 떠받치고 있는 절대적인 실재
적 본질이다. 지금까지 나타난 의식의 모든 형태들은 이러한
본질을 여러 모양으로 추상한 것이다. 정신은 자신을 분석하
며 자신의 계기들을 구별하고 개별 계기 가운데 머문다. 계기
들을 이렇게 분리시키는 것은 정신 자신을 전제하는 것인 동
시에 존립시키는 것이다. 또는 계기는 실존인 정신 가운데서
만 실존한다. (……) 따라서 정신이 자기 자신을 분석하면서
자신이 대상적으로 존재하는 현실이라는 계기를 고수하지만
이 현실이 정신 자신의 대자존재라는 사실을 도외시하는 한
에서, 정신은 의식 일반이며, 감각적 확실성, 지각, 오성을 자
기 안에서 파악하는 존재이다. 이와 반대로 정신의 대상이 자
신의 대자존재라는 사실을 고수한다면 정신은 자기의식이
다. 그러나 정신은 즉자대자존재의 직접적 의식으로서, 그리
고 의식과 자기의식의 통일성으로서 이성을 소유하는 의식
이다. (……) 정신이 소유하는 이성, 정신에 의해 마침내 이러
한 모습으로 직관되는 이성, 정신 가운데서 현실적이며 스스

로가 정신의 세계인 이성. 이제 정신은 자신의 진리 안에 존재한다. 정신은 정신으로 존재한다. 정신은 현실의 인륜적 본질이다.

정신은 그것이 직접적 진리인 한에서 민족의 인륜적 삶이다. 정신은 하나의 세계인 개인이다. 정신은 직접적으로 존재하는 자신의 모습에 대한 의식으로 나아가야 하며 아름다운 인륜적 삶을 지양하고 일련의 형태를 통해 자신의 지식에 도달해야 한다. 이 형태는 실재적인 정신이며 본래적인 현실이라는 점에서 앞에 언급한 형태와 구별된다. 이것은 단지 의식의 형태에 지나지 않는 것이 아니라 세계의 형태이다.

생동적인 인륜적 세계는 자신의 진리 가운데 머무는 정신이다. 정신이 자신의 본질에 대한 추상적 지식에 이르는 것과 같이, 생동적인 인륜적 정신은 법의 형식적 보편성에서 몰락한다. 자기 자신 가운데서 분열되는 정신은 냉혹한 현실인 자신의 대상적 요소에서는 자신의 세계를 교양의 나라로 서술하며 이에 맞서서 사상의 요소에서는 믿음의 세계와 본질의 나라로 서술한다. 그러나 교양의 나라와 본질의 나라는 이러한 자기상실로부터 자신으로 침잠하는 정신과 개념에 의해 파악되면서 통찰과 통찰의 확산인 계몽에 의해 혼란과 혁명을 경험한다. 이승과 저승으로 나누어지고 확장된 나라는 자기의식으로 복귀한다. 이것은 도덕성에서 자신을 본질성으로 파악하고 본질을 현실적 자기로 파악하는 자기의식이며, 자신의 세계와 이 세계의 근거를 더 이상 자기 밖에 정립하지 않으며 모든 것을 자기 안에서 점차 꺼져가게 하는 자기의식이고, 그 자체가 양심으로서 자기 확실적인 정신인 자기의식이다.

따라서 인륜적 세계, 이승과 저승으로 분열된 세계, 그리고 도덕적 세계관은 여러 형태의 정신으로서 단순히 대자적으로 존재하는 자기로 복귀하는 정신의 운동으로 전개되며, 이 운동의 목표와 결과는 절대정신의 현실적 자기의식으로 등장한다.(324~327)

양심. 아름다운 영혼, 악과 악의 용서

순수지로서의 순수의무는 곧 의식의 자기이며, 의식의 자기는 곧 존재와 현실이다. 현실적 의식의 피안에 있는 것은 바로 순수한 사유이며 순수한 사유이기 때문에 실제로는 자기이다. 그러므로 우리가 볼 때 또는 그 자체로 자기의식은 자기 자신으로 복귀한다. 더 나아가 자기의식은, 현실적인 것인 동시에 순수지와 순수의무인 존재를 자기 자신으로 인식한다. 이 자기의식은 우연성에서도 전적으로 타당한 존재로서 자신의 직접적 개별성을 순수지로 인식하며 자신의 행위를 진정한 현실과 조화로 인식한다.

양심의 자기, 자신을 직접적으로 절대적 진리와 존재로 확신하는 정신은 정신의 제3세계에서 생겨난 제3의 자기이다. 우리는 이 자기를 앞에서 서술한 자기와 간략하게 비교할 수 있다. 총체성 또는 인륜적 세계의 진리로 묘사되는 현실은 인격의 자기이다. 인격의 현존재는 인정된 존재이다. 인격이 실체 없는 자기인 것처럼 인격의 현존재는 추상적 현실이다. 인격은 타당하게 받아들여지지만 이는 직접적이다. 자기는 자신의 존재 요소에서 직접적으로 기인하는 점이다. 이 점은 자신의 보편성과 분리되어 있지 않으며 따라서 여기서는 아무런 운동과 관계가 일어나지 않는다. 이 [제1의] 자기 가운데는 보편이 아무런 구별 없이 존재한다. 따라서 자기는 내용을 갖지 않으며 자기 자신을 통해 채워져 있지도 않다.

제2의 자기는 자신의 진리에 도달한 교양의 세계 또는 자신을 재현하는 분열의 정신, 즉 절대적 자유이다. 제2의 자기에서는 제1의 자기에서 보였던 개별과 보편의 직접적 통일이 분열된다. 순수한 정신적 존재와 인정받은 존재 또는 보편의 지와 지식으로 있던 보편은 이제 자기의 대상과 내용이며 자신의 보편적 현실이다. 그러나 보편은 자기로부터 자유로운 현존재의 형식을 갖지 않는다. 따라서 보편은 이 자기 가운데서 전혀 충족되지 못하며 긍정적인 내용에 이르지 못하고 그어떤 세계에도 도달하지 못한다. 자기의식은 양심의 경지에 이르러 비로소 지금까지의 공허한 도덕적 의무, 공허한 정의와 법, [절대적 자유 아래에서의] 공허한 보편적 의지를 위한 내용을 갖는다.

　도덕적 자기의식은 자신의 진리에 도달할 때 허위를 만들어낸 자기 안의 분열을 떠나거나 지양한다. 즉자와 자기의 분열, 순수한 목적으로서의 순수의무와 순수한 목적에 대립하는 자연 또는 감각으로서의 현실 사이의 분열이 사라진다. 이와 같이 자체 내로 복귀한 자기의식은 구체적인 현실을 살아가는 도덕적 정신이 되었다. 이로써 순수의무의 의식에서와 같이 현실의식과 대립되는 공허한 기준을 마련하는 일은 없어진다. 오히려 순수의무와 이것에 대치하는 자연이 모두 극복되어 직접적으로 통일됨으로써 정신은 자기를 실현하는 도덕적 존재가 되고 행동은 직접적으로 구체적인 도덕적 형태를 띠게 된다.

　무언가 행동하는 경우가 있다면, 이것은 인식하는 의식에 대응하는 대상적 현실이다. 양심으로서의 이 인식하는 의식은 이 행동을 직접적이고 구체적인 방식으로 알며, 이 행동은 양심의 의식에게 알려지는 모습만을 지닌다. 지식이 대상과 다른 것이라면 이 지식은 우연적이다. 그러나 자기 스스로 확실한 정신은 더 이상 이러한 우연적 지식이 아니며 현실과 동떨어진 사상의 산출이 아니다. 오히려 즉자와 자기의 분열이 지양됨으로써 행동은 그 자체가 즉자적인 것과 마찬가지로 직접적으로 지식의 감각적 확실성 가운데 존재한다. 이렇게 되면 무엇인가를 실현하는 행동은 의지의 순수한 형식으로 나타난다. 현실은 있는 그대로의 현실로부터 행위의 결과로 서의 현실로 탈바꿈하고 대상적 지식의 단순한 방식은 의식에 의해서 창출된 현실에 관한 지식으로 전도된다.

(……)

양심은 행동의 다양한 정황을 서로 다른 의무로 나누지 않는다. 양심은 많은 의무로 하여금 각각 부동의 실체성을 얻게 하는 긍정적인 보편적 매체가 아니다. (……) 오히려 양심은 다양한 도덕적 실체를 말소해버리는 부정적 통일체이거나 절대적 자기이다. 양심은 이런저런 특정한 의무를 충족시키지 않고 오히려 구체적인 정의를 알고 행동하는, 의무에 합당한 단순한 행위이다. (……)

양심은 의무와 현실을 모순된 것으로 파악하는 의식을 떨쳐냄으로써 도덕적 세계관이 지니는 모든 관점과 이 관점의 위조를 단념한다. 의무와 현실을 모순된 것으로 파악하는 의식에 따른다면 나는 다른 어떤 것이 아니라 바로 순수의무를 행한다는 것을 의식함으로써 도덕적으로 행동한다. 그런데 이것은 사실 내가 아무것도 행하지 않음으로써 도덕적으로 행동한다는 사실을 뜻한다. 하지만 내가 실제로 행동할 때는 순수의무 이외에 당장 눈앞에 펼쳐져 있는 현실이나 내가 실현하고자 하는 현실을 의식한다. 그리고 나는 특정한 목적을 가지며 특정한 의무를 충족시킨다. 이렇게 되면 여기에는 본래 의도되었던 순수의무와는 또 다른 것이 끼어들게 마련이다.

이에 반하여 양심은 순수의무가 자기 행동의 본질이라고 말하는 도덕의식의 순수한 목적이 사태를 뒤바뀌 놓았다는 것을 의식하고 있다. 왜냐하면 사태 자체는 순수의무가 순수 사유의 공허한 추상물이며 순수의무의 실재와 내용은 특정한 현실에 들어있다는 사실을 지시하기 때문이다. 여기서 말하는 특정한 현실은 의식의 현실이지만 이것은 단순히 관념적 의식의 현실이 아니며 [실질적인] 개별자의 의식이 직면하는 현실이다. 양심은 자신의 진리를 자기 자신에 대한 직접적인 확실성 가운데 소유하고 있다. 이와 같은 직접적이고 구체적인 확실성이 바로 본질이다. 이 확실성을 의식의 대립에 준하여 고찰해 보면 자기만의 직접적인 개별성이 곧 도덕적 행위의 내용이다. 도덕적 행위의 형식은 순수한 운동으로서의 자기이다. 즉 지식이나 자기만의 확신으로 규정되는 자기이다.

이러한 도덕적 행위의 내용과 형식을 그 통일성과 통일성을 이루는 계기의 의미에서 자세히 고찰해보면, 도덕적 의식은 스스로를 즉자나 본질로 파악해왔다. 그러나 양심으로서의 도덕적 의식은 자신을 대자존재와 자기로 파악한다. 이제 도덕적 세계관의 모순은 해소되며 모순의 토대를 이루는 구별은 구별이 아닌 것으로 드러난다. 모순을 만들어내는 구별의 양항은 이제 순수한 부정성에서 합쳐진다. 순수한 부정성은 자기이다. 순수한 부정성은 순수한 지식으로서의 단순한 자기일 뿐 아니라, 이러한 개별적 의식으로서의 자기 자신에 대한 지식인 단순한 자기이다. 따라서 이러한 자기는 이전에 공허했던 본질의 내용을 형성한다. 왜냐하면 이 자기는 더 이상 본질에 낯선 본성의 의미나 자기만의 법칙 하에 독자적인 본성의 의미를 갖지 않는 현실적인 존재이기 때문이다. 이 자기는 부정으로서 순수한 본질이 갖는 구별이며 [특정한] 하나의 내용이고 심지어 즉자대자적으로 타당한 내용이다.

더 나아가 이 자기는 순수한 자기 동일적 지식으로서 전적으로 보편자이다. 말하자면 지식은 자기 고유의 지식과 확신으로서 [그 자체가] 의무이다. 의무는 더 이상 자기에 대립하여 등장하는 보편자가 아니다. 오히려 의무는 이러한 분리에서는 아무런 타당성도 갖지 못한다는 사실을 인식하고 있다. 이제는 [도덕]법칙이 자기를 위해 있는 것이지 자기가 법칙을 위해 존재하지 않는다. (······)

양심은 순수한 의무나 추상적 즉자를 포기하지 않는다. 오히려 순수한 의무는 보편성으로서 타자와 관계하는 본질적 계기이다. 양심은 자기의식(들)의 공동체적 요소이며, 자기의식은 행위가 존립하고 현실성을 얻는 실체이다. 양심은 타자에게 인정받는 계기인 것이다. 도덕적 자기의식에게는 이러한 인정의 계기와 실제로 존재하는 순수한 의식의 계기가 없다. 따라서 도덕적 자기의식은 행동하는 자기의식이 아니며 무언가를 실현하는 자기의식이 아니다. 도덕적 자기의식의 즉자는 추상적이고 비현실적인 존재이거나 정신이 결여된 현실의 존재이다.

이에 반하여 양심이 함께하는 현실은 자기와 동일한 현실, 즉 자기를 의식하는 현존재이자 타인에게 인정받는 정신적 요소이다. 따라서 행동이란 그 개별적인 내용을 대상적 요소로 옮겨놓는 일이며 여기서 내용은 보편적인 것과 인정받는 것이 된다. 행동의 내용이 인정된다는 것은 행동을 현실적인 것으로 만든다. 행동이 현실적으로 인정받게 되는 이유는 현존하는 현실이 직접적으로 확신이나 지식과 결합되어 있거나 행동의 목적에 대한 지식이 곧 현존재의 요소이자 보편적 인정이기 때문이다. 왜냐하면 행동의 본질인 의무는 이 의무에 대한 양심의 확신에 있기 때문이다. 이러한 확신은 즉자 자체이다. 이 즉자는 즉자적으로 보편적인 자기의식이거나 인정받은 존재이며 따라서 현실이다. 그러므로 의무에 대한 확신으로 행해진 것은 현실 속에 구체적으로 존립하는 행동이다. (……) 의무로 인식된 것은 스스로 실행되며 현실화된다. 왜냐하면 의무에 합당한 것은 모든 자기의식의 보편자이며 인정받은 존재이고 따라서 [구체적인] 존재자이기 때문이다. 그러나 의무가 자기의 내용 없이 분리된 상태로 있으면 이러한 의무는 곧 대타존재對他存在(Sein für Anderes)이며, 아무런 내용이 없는 본질성의 의미만을 지니는 투명한 존재가 된다.

(……)

양심은 규정적인 법칙과 모든 의무의 내용을 능가하는 존엄성을 가지고 임의의 내용을 자신의 지식과 의지로 끌어들인다. 양심은 도덕적 천재성이다. 도덕적 천재성은 자신의 직접적인 지식이 들려주는 내적 목소리를 신의 목소리로 인식한다. 도덕적 천재성은 이러한 지식에서 현존재를 알기 때문에 그 개념에서 생동성을 갖는 신적인 창조력이다. 이와 마찬가지로 도덕적 천재성은 내적인 예배이다. 왜냐하면 그 행위는 이러한 자신의 신성에 대한 직관이기 때문이다.

이런 고독한 예배는 본질적으로 교회공동체의 예배이기도 하다. 이러한 순수한 자기 지식과 자기 청취는 의식의 계기로 진행한다. 자기 자신에 대한 직관은 자신의 대상적 현존재이며, 이러한 대상적 요소는 자신의 지식과 의지가 보편적인 것이라는 사실에 대한 언표이다. 이러한 언표를 통해 자기는 타당한 존재가 되며 행위는 실행하는 행위가 된다. 이 행위의 현실과 존립은 보편적 자기의식이다. 그러나 양심의 언표는 자기 자신을 순수한 자기로 정립하며 순수하다는 이유로 자신을 보편적 자기로 정립한다. 다른 사람들은 자기가 본질로 표현되고 인정되는 이러한 말 때문에 행위를 인정한다. 따라서 이러한 결합의 정신과 실체는 이들의 양심성에 대한 상호 확증이다. (……)

이러한 양심이 자신의 추상적 의식을 자신의 자기의식과 구별하는 한, 양심은 자신의 생명을 오로지 신 가운데 감추어 놓는다. 심지어 신은 양심의 정신과 심정, 그리고 자기 가운데 직접적으로 현존한다. 이에 반해 현시되어 있는 양심의 현실적 의식과 이 의식의 매개적 운동은 감추어진 내면과 다르며 현존하는 존재의 직접성과도 다르다. 추상적 의식과 자기의식의 구별은 양심이 완성될 때 비로소 사라진다. 완성된 양심은 추상적 의식이 곧 자기와 자기를 확신하는 대자존재라는 사실을 안다. 그리고 자기 외부에 정립되어 있기 때문에 추상적 존재와 감추어져 있는 존재인 즉자와 자기가 직접적으로 관계하면서 상이성이 사라진다는 사실도 안다. (……) 이제 의식은 자기 안에 있는 존재의 직접적인 현존을 존재와 자기의 통일로 안다. 다시 말해서 이 통일을 생동적인 즉자로 알며, 이러한 앎을 종교로 안다. 여기서 종교는 직관된 지식 또는 현존하는 지식으로서 종교의 정신에 대한 공동체의 언표이다.

이로써 자기의식은 모든 외면성이 사라져 버린 깊은 내면으로 침잠하며 자아가 모든 본질성과 현존재라는 자아=자아의 직관으로 되돌아간다. 자기의식은 이러한 개념에서 침몰한다. 왜냐하면 자기의식은 최고의 극단으로 내몰렸기 때문이다. (……) 지금까지 의식에게 본질이었던 모든 것이 추상으로 되돌아가버린 것이다. 순수성으로 정화된 의식은 가장 빈곤한 형태를 띠며 급기야 자신의 유일한 소유인 가난도 사라져 버린다. 실체가 해소되어 버리는 이런 절대적 확실성은 내적으로 붕괴하는 절대적 비진리이다. 이것은 의식의 침몰을 보여주는 절대적 자기의식이다. (……)

자기가 산출하는 속빈 대상은 자기를 공허한 의식으로 채운다. 이러한 자기의 행위는, 본질이 결여된 대상으로 변하면서 스스로를 상실하며, 이러한 상실에서 빠져나와 다시 자신으로 침잠하는 가운데 자신을 상실된 존재로만 확인하는 동경이다. 이러한 자기의 투명한 순수성에서 이른바 아름다운 영혼(schöne Seele) 또는 불행한 영혼은 자기 안에서 서서히 꺼져가며 허공에서 사라지는 형태 없는 증기가 된다.

이렇게 소멸된 삶의 힘없는 본질성이 조용하게 뭉치면 이것은 양심의 현실이 보여주는 또 다른 의미와 양심 운동의 현상으로 받아들여질 수 있다. 이것은 행동하는 양심으로 고찰된다. 행동하는 양심의 대상적 계기는 위에서 보편적 의식으로 규정된 바 있다. 자기 자신을 인식하는 지식은 바로 이러한 자기라는 점에서 다른 자기와 구별된다. 모두가 서로를 양심적으로 행동하는 존재로 인정하게 만든 언어인 보편적 동일성은 이제 개별적인 대자존재의 비동일성으로 붕괴되며, 각각의 의식은 자신의 보편성에서 빠져나와 전적으로 자기 자신을 반성하게 된다. 이로써 개별성은 다른 개별자 및 보편자와 대립하지 않을 수 없다. (……)

행동하는 양심이 초래하는 대립이 양심의 내면에서 표현된다면 이 대립은 동시에 현존재의 요소에 들어있는 외부를 향한 비동일성이며 다른 개별자에 맞서는 양심의 특수한 개별성이 보여주는 비동일성이다. 그의 특수성은 다음과 같은 모습을 띤다. 그의 의식을 구성하는 두 계기인 자기와 즉자는 각각 상이한 가치로 통용되며, 자기 확실성은 즉자에 반하는 본질이라는 규정 또는 오로지 계기로만 받아들여지는 보편이라는 규정을 갖는다. 따라서 이러한 내적 규정에는 현존재의 요소나 보편적 의식이 대립한다. 보편적 의식에는 보편성과 의무가 본질을 이루는 반면 보편 자체에 맞서는 개별성은 오로지 지양되고 폐기된 계기로만 간주된다. 이와 같이 의무를 고수하는 것의 입상에서 보면 첫 번째 의식은 악으로 간주된다. 그 이유는 의식의 내적존재는 보편과 동일하지 않기 때문이다. 또한 이 의식은 자신의 행위를 자기와의 동일성으로, 그리고 의무와 양심성으로 진술함으로써 그 자체가 기만으로 간주된다.

(⋯⋯)

판단하는 의식은 앞에서 언급한 의무에 머물지 않으며, 이것이 자신의 의무이며 자신의 현실이 보여주는 관계와 상태라는 행위자의 지식에 머물지 않는다. 오히려 판단하는 의식은 다른 측면을 고수하며 행위를 내면에 투영하고 이를 행위 자체와는 상이한 의도와 이기적인 동기에서 설명한다. (⋯⋯) 따라서 이러한 판단은 행위를 행위의 실제적 현존에서 뽑아내어 이를 자신의 내면이나 자기의 특수성의 형식에 비추어 반성한다. (⋯⋯)

시종에게 영웅은 존재하지 않는다. 이것은 영웅이 실제로 영웅이 아니기 때문이 아니다. 오히려 시종에게 영웅은 영웅이라기보다 먹고 마시며 옷을 입으면서 그때마다 욕구와 표상에 관계하는 사람이기 때문이다. 그러므로 판단의 입장에서는 개인의 개별성의 측면을 행위의 보편적 측면에 대립시키거나 행위자를 억지로 도덕성의 시종으로 삼는 행위는 존재하지 않는다.

이로써 판단하는 의식은 비열하다. 왜냐하면 판단하는 의식은 행위를 나눌 뿐 아니라 이렇게 나눠진 행위와 행위 자체와의 비동일성을 산출하고 이를 고수하기 때문이다. 더 나아가 판단하는 의식은 그 자체가 기만이다. 왜냐하면 판단하는 의식은 이러한 판단을 또 다른 사악한 방식으로 부르지 않고 행위에 대한 올바른 의식으로 칭하기 때문이다.(……)

자기를 확신하는 정신은 아름다운 영혼의 모습을 띤다. 아름다운 영혼은 자신이 고수해온 지식을 외화할 힘이 없기 때문에 외부로부터 떠밀려 들어온 의식과 하나가 될 수 없으며, 그러므로 타자 속에서 직관된 자기의 통일성과 현존상태에 도달할 수 없다. 따라서 아름다운 영혼이 타자와 동일하다는 사실은 몰정신적인 모습으로 다만 부정적으로 이루어질 뿐이다.

현실성을 결여한 아름다운 영혼은 그의 순수한 자기와, 자기를 현실 가운데 외화해야 한다는 필연성과의 모순에 빠지며 이렇게 고착화된 직접적인 대립 가운데 놓이게 된다. 아름다운 영혼이 빠져있는 이러한 직접성은 순수한 추상으로 상승된 대립의 중간이자 화해이며 순수한 존재 또는 공허한 무이다. 결국 아름다운 영혼은 모순의 의식으로서 화해에 이르지 못한 직접적인 모습을 띠는 가운데 정신착란에 빠져들며 소모적인 동경심으로 와해된다. 이로써 의식은 지금까지 완강하게 고수해온 자신의 대자존재를 포기하게 되며 그 결과

정신이 결여된 존재의 통일성만 산출한다.

(……) 현실 가운데 자신을 실현하는 자기나 이 자기의 행위 형식은 전체의 한 계기에 지나지 않으며, 판단을 통해 규정하는 지식과 행동의 개별적 측면과 보편적 측면의 구별을 확정하는 지식도 전체의 한 계기에 지나지 않는다. 위에서 말한 [행동하는] 악한 의식은 외화된 자기나 자기 자신을 계기로 정립하는데, 이때 악한 의식은 타자 속에서 자신을 직관함으로써 자신[이 악하다는 사실]을 고백하는 실질적인 상태로 유인된다. 그러나 이 타자에 대해서 악한 의식의 일면적이고 인정받지 못한 판단이 깨져야 한다. 이것은 악한 의식에 대해 타자의 일면적이고 인정받지 못한 특수한 대자존재가 깨져야 하는 것과 같다. 행동하는 악한 의식이 현실에 대한 정신의 위력을 발휘하고 있다면, 판단하는 이 타자는 특정한 개념에 대한 정신의 위력을 발휘하고 있다.

판단하는 의식은 판단을 통해 분별하는 사상과 이에 집착하는 대자존재의 완고함을 단념한다. 왜냐하면 행동하는 상대방에게서 사실은 자신의 모습을 직시하기 때문이다. 이렇게 자기의 현실을 포기하고 자신을 고양시키며 판단하는 의식은 이로써 사실상 보편자로 드러난다. 판단하는 의식은 자신의 외적 현실로부터 본질로서의 자신으로 되돌아온다. 따라서 보편적 의식은 여기서 자기 자신을 인식한다.

판단하는 의식이 행동하는 의식에게 일어나게 한 용서는 이제 자기 자신과 자신의 비현실적인 존재에 대한 포기이다. 이러한 비현실적 존재에게 판단하는 의식은 위에서 말한 타자였으며 현실적인 행동이었다. 생각 속에서 이루어진 행동인 규정을 통해 악한 의식으로 불렸던 판단하는 의식은 이제 선한 의식으로 인정된다. 더 나아가 이 의식은 타자가 행동의 대자적 규정인 것처럼 이런 규정적인 생각의 구별과 자신의 규정하는 대자적 판단을 앞으로 나아가게 한다.

화해의 말은 현존하는 정신이다. 이 정신은 자신이 보편적 존재라는 순수지를 자신의 반대편에서 직관하며, 자신을 절대적으로 자기 안에 존재하는 개별성으로 아는 순수지 가운데서도 이 사실을 직관한다. 이러한 상호인정은 곧 절대정신이다.

절대정신은 자신에 대한 순수지가 곧 자기 자신과의 대립과 교체라는 최고점에 이를 때에 비로소 모습을 드러낸다. 자신의 순수지가 추상적인 존재임을 아는 절대정신은, 자신이 자기의 절대적 개별성을 본질로 한다는 사실을 아는 지식에 절대적으로 대립하는 지적 의무이다. 위에서 말한 첫 번째 지식, 즉 추상적 존재로서의 순수지는 자기 자신을 본질로 아는 개별성을 허망한 존재와 악으로 인지하는 보편자의 순수한 연속이다. 그러나 두 번째 지식, 즉 자신이 자기의 절대적 개별성을 본질로 한다는 사실을 아는 지식은 자신을 순수한 일자 속에서 절대적으로 알 뿐 아니라 앞에서 언급한 보편자를 오로지 대타존재에 지나지 않는 비현실적 존재로 아는 절대적 신중함이다. 이제 보편과 개별이라는 양 측면은 이렇게 순화된다. 여기에는 자기를 상실한 현존재나 부정적 의식이 없다. 오히려 위에서 말한 지적 의무는 동일한 모습을 유지하는 자기지自己知의 특성을 갖는다. 이와 마찬가지로 악의 목적은 자신의 내적존재에서 나타나며 악의 현실은 자신의 말에서 나타난다. 이러한 말의 내용은 자기 존립의 실체이며, 말은 정신의 자기 확실성에 대한 확증이다.(465~493)

5장
예술과 종교의 경험

종교

일반적으로 의식, 자기의식, 이성, 정신으로 구별되는 지금까지의 형태 가운데 종교도 등장했었다. 그러나 이러한 형태들에서 종교는 절대존재 일반에 대한 의식으로 나타났을 뿐이다. 말하자면 종교는 절대존재를 의식하는 의식의 관점에서 거론될 뿐이었으며 절대존재가 즉자대자적으로 문제시되지는 않은 것이다. 위의 형태들에서는 종교가 정신의 자기의식으로 현상하지 않는다.

의식이 오성인 한에서 의식은 초감각적 존재에 대한 의식이 되거나 대상적 현존재의 내면에 대한 의식이 된다. 그러나 초감각적 존재와 영원한 존재 또는 사람들이 그것을 무엇이라 일컫든 상관없이 그것은 자기를 결여한 것(缺自己, selbstlos)이다. 이러한 존재는 스스로를 정신으로 알려고 하는 것과는 여전히 멀리 떨어져있는 보편자에 지나지 않는다.

불행한 의식의 형태에서 완성된 자기의식은 대상성에 이르기 위해 분투하지만 이것에 도달하지 못하는 정신의 고통에 지나지 않았다. 개별적 자기의식은 불변적 존재와 통일을 이루기 위해 노력하지만 이러한 통일은 자기의식의 피안에 있다.

우리의 입장에서 볼 때 저 정신의 고통에서 출현한 이성의 직접적 현존과 그 고유한 형태는 종교를 갖지 않는다. 왜냐하면 이성의 자기의식은 자기 자신을 직접적인 현재에서 알거나 추구하기 때문이다.

이에 반해서 우리는 인륜의 세계에서 종교를 보았으며 심지어 하계下界의 종교를 보았다. 이 종교는 운명이 보여주는 미지의 두려운 밤에 대한 신앙이며 죽은 영의 에우메니데[복수의 여신]에 대한 신앙이다. 운명의 밤에 대한 신앙은 보편성의 형식을 띤 순수한 부정성인 반면, 죽은 영의 에우메니데에 대한 신앙은 개별성의 형식을 띤 순수한 부정성이다. 그러므로 절대적 존재는 개별성의 형식에서 자기이며 현재적 존재인데, 이것은 자기가 다른 방식으로 존재하지 않는 바와 같다. 다만 개별적 자기는 운명인 바의 보편성을 자기 자신으로부터 분리시킨 개별적 그림자이다. [그러나] 개별적 자기는 그림자이기는 하지만 지양된 그림자이며, 따라서 보편적 자기이다. 그렇지만 앞서 언급한 부정적 의미는 아직 긍정적 의미로 바뀌지 않았으며, 따라서 지양된 자기는 동시에 이러한 특수 존재와 비본질적 존재를 의미한다.

자기가 결여된 운명은 아무런 의식이 없는 밤으로 남는다. 이 밤에 사람들은 그 어떤 구별에도 이를 수 없으며 자신을 아는 청명한 지식에도 이를 수 없다.

필연적인 무와 하계에 대한 신앙은 천상에 대한 신앙이 된다. 왜냐하면 죽은 자기는 자신의 보편성과 통합해야 하며 자신이 지니고 있는 것을 이 보편성에서 분해함으로써 자신이 무엇을 지니고 있는지 분명히 해야 하기 때문이다. 우리는 이러한 신앙의 왕국을 사고의 원리(Elemente des Denkens)에서 보았는데, 여기서는 신앙의 내용이 개념 없이 전개된다. 따라서 이 왕국은 그 자체의 운명에서, 말하자면 계몽의 종교에서 몰락한다. 여기서는 오성의 초감각적 피안이 다시 생긴다. 자기의식은 차안에서 만족하지만, 초감각적 존재나 인식할 수 없고 두려워할 수도 없는 공허한 피안을 자기로 알지 못하며 힘으로도 알지 못하는 것이다.

초감각적 존재와 피안의 존재는 도덕성의 종교에서 마침내 재산출된다. 여기서 절대적 존재는 긍정적 내용을 갖는다.

그러나 이 내용은 계몽의 부정성과 통합되어 있다. 이 내용은 똑같이 자기 가운데 다시 받아들여진 존재이며 자기에 감금된 존재이고 그 부분이 세워짐과 동시에 곧바로 부정되는 구별된 내용이다. 그러나 이러한 모순의 운동을 가라앉힌 운명은 스스로를 본질성과 현실성의 운명으로 의식하는 자기이다.

자기 자신을 아는 정신은 종교의 경우 정신 자신의 순수한 자기의식이다. 지금까지 고찰한 진정한 정신, 소외된 정신, 자기 확신적 정신과 같은 형태들은 모두 다음과 같은 [자기 분열적인] 의식 가운데서 정신을 형성한다. 말하자면 정신의 세계에 대립하여 등장함으로써 이러한 정신의 형태들 가운데서 자신을 인식하지 못하는 의식에서 정신을 형성하는 것이다. 그러나 양심에서는 정신이 자신에게 굴복한다. 이것은 정신의 대상세계 일반은 물론이고 정신의 표상과 규정적 개념이 정신 자신에게 굴복하는 것과 같다. 여기서 정신은 자기 자신 가운데 머무는 자기의식이다. 이러한 자기의식 가운데서 정신은 대상으로 표상되면서 그 자체가(für sich) 보편적 정신이라는 의미를 갖는다. 정신은 모든 존재와 모든 현실성을 포함하는 보편적 정신의 의미를 갖지만, 자유로운 현실이나 자립적으로 현상하는 자연의 형식을 띠지는 않는다. 정신은 자신의 의식의 대상이므로 존재의 형태나 형식을 갖는다. 종교에서는 이 의식이 자기의식이라는 본질적 규정에서 정립되므로 형태는 전적으로 투명하다. 그러나 정신이 갖는 현실성은 정신 가운데 포함되어 있거나, 우리가 모든 현실성에 대해 언급하는 방식으로 정신 가운데 지양되어 있다. 현실성은 사고[에 의해 재구성]된 보편적 현실성이다.

종교에서는 정신의 본래적 의식 규정이 자유로운 타자존재의 형식을 갖지 않게 됨으로써 정신의 현존은 정신의 자기의식과 구별되며, 정신의 본래적인 현실성은 종교 바깥에 머문다. 원래는 종교의 정신과 현실성의 정신이 하나이지만, 정신의 의식은 이 둘을 포괄하지 못한다. 따라서 종교는 [정신의] 현존과 행위와 충동의 한 부분으로 현상하며, 그 다른 부분은 정신의 현실 세계에 깃들어 있는 삶이다. 세계 속의 정신과 자신을 정신으로 의식하는 정신 또는 종교 속의 정신이 동일하다는 것을 우리가 아는 바와 같이, 종교의 완성은 이 둘이 서로 동일하게 되는 데 있다. 종교의 완성은 정신의 현실성이 종교에 의해 파악되는 데 있을 뿐 아니라, 이와 반대로 정신이 자기 자신을 의식하는 정신으로 실제로 변하며 정신이 그 의식의 대상으로 변하는 데에 있다.

정신이 종교에서 자신을 표상하는 한에서 정신은 의식이다. 그리고 종교에 포함되어 있는 현실은 정신의 표상이 보여주는 형태이며 이 표상이 입고 있는 옷이다. 그러나 이러한 표상에서는 현실의 완전한 권리가 현실에 미치지 못한다. 현실의 완전한 권리는 정신의 표상이 걸치고 있는 옷일 뿐 아니라 독자적이며 자유로운 정신의 현존인 것이다. 이와 반대로 표상은 그것이 마땅히 서술해야 하는 바인 자기 자신을 의식하는 정신에 도달하지 못한 하나의 규정적 형태에 지나지 않는다. 왜냐하면 표상에는 표상의 완성이 결여되어 있기 때문이다. 정신의 형태가 정신 자체를 표현해야 할 것이라는 사실은 [정신에 대한] 표상 자체가 곧 정신이어야 하며 정신이 그 본질 속에 있는 것처럼 현상하거나 실제적이어야 한다는 사실이어야 할 것이다. 이를 통해서 이와 반대의 요구로 보일 수 있는 것도 성취될 수 있다. 이를테면 정신의 의식 대상은 동시에 자유로운 현실의 형식을 갖고 있다는 사실도 이루어질 수 있는 것이다. 절대정신으로서 자신에게 대상인 정신은 그 자신이 현실 속에서 스스로를 의식하는 바와 동일하게 자유로운 현실이다.

먼저 자기의식과 본래적 의식이 구별되고 종교와 세계 속의 정신 또는 정신의 현존이 구별됨으로써, 정신의 계기들이 각각 나누어져서 등장하고 각 계기가 독자적으로 서술되는 한에서 정신의 현존은 정신의 전체 속에 존립한다. 이 계기들은 의식, 자기의식, 이성, 정신이다. 여기서 정신은 말하자면 아직 정신의 의식이 아닌 직접적 정신이다. 이 계기들을 총괄한 총체성은 정신의 현세적 현존에 깃들어있는 정신을 형성한다. 정신 자체는 보편적인 규정과 앞서 언급한 계기들 가운데 지금까지의 형태들을 포함하고 있다. 종교는 이러한 계기들의 전체 진행을 전제한다. 따라서 종교는 단순한 총체성이거나 이 총체성의 절대적 자기이다.

종교에 대한 관계에서는 이 계기들의 진행이 시간 속에서 표상될 수 없다. 전체 정신만이 시간 속에 있다. 전체 정신 자체의 형태는 순차적으로 서술된다. 왜냐하면 전체만이 본래적 현실성을 가지며 따라서 타자에 대한 순수한 자유의 형식을 갖기 때문이다. 타자에 대한 순수한 자유의 형식은 시간으로 표현된다. 그러나 의식, 자기의식, 이성, 정신과 같은 전체 정신의 계기들은 그 자체가 계기이기 때문에 서로 상이한 현존을 갖지 않는다. (……)

종교가 정신의 개별 계기인 의식, 자기의식, 이성, 정신이 그 근거로 되돌아간 정신의 완성이라면, 이들 계기는 다같이 전체 정신의 현존하는 현실성을 형성한다. 다만 이 전체 정신은 정신의 측면에서 일어나는 구별하는 운동이자 자기로 복귀하는 운동이다. 종교 일반의 생성은 보편적인 계기의 운동에 포함되어 있다. (……) 전체의 정신, 종교의 정신은 다시금 직접성에서 즉자적 정신과 직접적 정신의 지식에 이르는 운동이며, 정신이 그 의식에 현상하는 형태가 정신의 본질과 같아지고 정신이 스스로 자신의 모습을 직관하는 상태에 도달하는 운동이다.

이제 정신은 이러한 생성에서 이러한 운동의 구별을 형성하는 특정의 형태를 지닌다. 그 결과 [특정한] 규정 종교는 동시에 특정의 현실적 정신을 갖는다. 따라서 자기 자신을 아는 정신 일반에 의식, 자기의식, 이성, 정신이 속한다면 자기 자신을 아는 정신의 특정 형태에는 의식, 자기의식, 이성, 정신 안에서 각각 특별하게 전개된 특정의 형식이 속한다. 종교의 특정한 형태는 종교의 현실적 정신을 위해서 정신의 개별 계기가 갖는 형태에서 종교에 일치하는 형태들을 뽑아낸다. 종교가 갖는 '하나의' 규정성은 종교의 현실적 현존의 모든 측면을 두루 파악한 다음 이 모든 측면에 공동체적 특징을 각인한다.

(……)

현실적 정신과 자기를 정신으로 아는 정신 간의 구별 또는 자신을 의식과 자기의식으로 나누는 구별은 스스로를 진리를 향하는 존재로 아는 정신에서 지양된다. 정신의 의식과 자기의식의 차이가 없어진 것이다. 그러나 여기서 종교가 먼저 직접적인 모습을 띠는 것처럼 이 구별은 아직 정신으로 복귀하지 않았다. 오로지 종교의 개념만이 정립된 것이다. 종교의 개념에서 본질은 그 자체가 모든 진리인 자기의식이며 이 진리 가운데서 모든 현실성을 포함하고 있는 자기의식이다. 이러한 자기의식은 의식으로서 자기 자신을 대상으로 삼는다. 따라서 무엇보다 먼저 자신을 직접적으로 아는 정신은 직접성의 형식을 띤 정신이며, 정신이 나타나 있는 형태가 갖는 규정성은 존재의 규정성이다. 이 존재는 지각이나 다양한 소재나 그 밖의 일면적인 계기, 목적, 규정으로 채워져 있는 것이 아니다. 오히려 이 존재는 정신으로 채워져 있으며 자신을 모든 진리와 현실성으로 안다. 이렇게 충만히 채워져 있는 모습은 바로 그 형태와 동일하지 않다. 본질로서의 정신은 그 의식과 동일하지 않은 것이다. 정신은 절대 정신으로서 자신의 확실성 가운데 존재하는 바와 같이 자신의 진리 가운데 존재함으로써 비로소 현실적이다. 또는 의식으로서의 정신이 분리되어 있는 양극단은 정신의 형태에서 서로를 위해 존재하는데, 이로써 정신은 절대 정신으로서 비로소 현실적이다. 정신이 자신의 의식의 대상으로 받아들이는 형태는 실체로 채워져 있는 것과 같이 정신의 확실성으로 채워져 있다. 대상이 순수한 대상성으로 내려앉고 대상이 자기의식의 부정성의 형식으로 가라앉는 일은 이러한 내용을 통해 사라진다. 정신과 정신 자신의 직접적 통일은 토대이거나, 그 가운데서 의식의 분화가 이루어지는 의식이다. 이와 같이 자신의 순수한 의식 가운데 포함되어 있는 정신은 종교에서 자연 일반의 창조자로 실존하지 않는다. 오히려 정신이 이러한 운동에서 산출하는 것은 현상하는 정신의 완전한 모습을 함께 형성하는 그 형태들이며 여러 정신들로 나타나는 형태들이다. 더 나아가 이러한 운동은 정신이 갖는 현실성의 개별 측면이나 그 불완전한 현실성을 통해 정신의 완전한 현실성을 형성하는 일이다.

정신의 첫째 현실성은 종교 자체의 개념이거나 직접적 종교, 곧 자연종교로서의 현실성이다. 자연종교에서 정신은 자신을 자연적 형태나 직접적 형태를 띤 대상으로 안다. 그러나 정신의 둘째 현실성은 필연적으로 자신을 지양된 자연성이나 지양된 자기의 형태로 안다. 이러한 정신의 현실성은 예술종교이다. 왜냐하면 대상 속에서 자신의 행위나 자기를 직관하는 의식의 산출활동을 통해 형태가 자기의 형식으로 고양되기 때문이다. 마지막으로 정신의 셋째 현실성은 앞의 두 현실성의 일면성을 지양한다. 직접성이 자기인 것처럼 자기는 직접적인 존재이다. 첫째 현실성에서 정신 일반은 의식의 형식을 띠며 둘째 현실성에서는 자기의식의 형식을 띤다면, 셋째 현실성에서 정신은 이 둘의 통일의 형식을 띤다. 여기서 정신은 즉자대자존재의 형태를 갖는다. 이렇게 즉자대자적인 모습으로 표상되는 정신은 계시종교이다. 그러나 정신이 계시종교에서 진정한 형태에 도달하더라도 형태 자체와 표상은 여전히 극복되지 않은 측면이다. 정신은 이 측면에서 개념으로 이행해야 한다. 이러한 이행은 자신의 반대를 껴안고 있는 정신에 깃든 대상성의 형식을 완전히 해소하기 위해 일어나야 한다. 이렇게 되면 정신은 우리가 오로지 처음에 파악했을 뿐인 정신 자신의 개념을 파악하게 된다. 정신의 형태나 현존하는 정신의 요소는 곧 정신 자신이다. 그 이유는 이 형태가 개념이기 때문이다.(495~503)

6장
경험의 완성과 절대지

절대지

계시종교의 정신은 자신의 의식 자체를 아직 극복하지 못했다. 이 정신의 현실적 자기의식은 정신의 의식 대상이 아닌 것이다. 정신 일반과 정신 속에서 구별되는 계기들은 표상과 대상성의 형식으로 떨어진다. 표상의 내용은 절대정신이다. 따라서 중요한 문제로 남아 있는 유일한 것은 이 단순한 형식을 지양하는 일이다. 또는 이 단순한 형식은 의식 자체에 속하기 때문에 그 진리는 이미 의식의 형태에서 발생되었어야 한다.

(……)

이로써 의식과 자기의식의 화해는 종교적 정신과 의식 자체라는 이중의 측면에서 성취된다는 사실이 드러난다. 이 둘은 다음과 같이 구별된다. 종교적 정신에서의 화해는 즉자존재의 형식을 띠며, 의식 자체에서의 화해는 대자존재의 형식을 띤다. 이미 고찰한 바와 같이 무엇보다 먼저 이 둘은 붕괴된다. 종교가 그 대상에 대해 현실적 자기의식의 형태를 부여하기 전에 의식은 우리에게 확인된 질서 형태를 통해 여러 가지 형태를 띤 의식의 개별 계기뿐만 아니라 그 통합에 이르렀다. [그러나] 이 두 측면의 통합은 아직 제시되지 않았다. 이 통합은 일련의 정신의 형태를 종결한 것이다. 왜냐하면 정신은 이러한 일련의 형태에서 자신을 알게 되기 때문이다. 정신은 자신의 즉자적인 모습을 알거나 절대적 내용에 입각하여 자신의 모습을 알며, 내용 없는 자신의 형식 또는 자기의식의 측면에 입각하여 대자적인 자신의 모습을 알고, 더 나아가 즉자대자적인 자신의 모습을 알게 되는 것이다.

그러나 이러한 통합은 즉자적으로 이미 일어났으며 보다 정확하게 말하면 종교에서도 일어났고 표상이 자기의식으로 복귀하는 과정에서 일어났지만 본래적인 형식에 의거한 것이 아니다. 왜냐하면 종교적 측면은 자기의식의 운동에 대립하는 즉자의 측면이기 때문이다. 따라서 통합은 즉자의 측면에 맞서서 그 자체가 내적 반성인 다른 측면에 속한다. 다시 말하면 다른 측면에는 자기 자신과 그 반대가 포함되어 있다.

자신과 그 반대를 즉자적으로 또는 보편적인 방식으로가 아니라 대자적으로 또는 전개되고 구별된 모습으로 포함하는 것이 통합이 귀속하는 다른 측면이다. 자기의식적 정신의 다른 측면이 과연 다른 측면인 한에서 내용은 자기의식적 정신의 다른 측면과 같이 완전하게 존재할 뿐 아니라 완전한 모습으로 제시되었다. 그러나 여전히 결여되어 있는 통합은 개념의 단순한 통일성이다. 개념은 자기의식 자체의 측면에 이미 존재한다. 개념은 그 자체가 이전 단계에서 나타났던 바와 같이 여타의 계기들과 마찬가지로 의식의 특수한 형태라는 형식을 갖고 있다.

(……)

종교에서 타자가 갖는 표상의 내용이나 형식이었던 것은 여기서 자기 고유의 행위이다. 개념은 내용이 자기의 고유한 행위라는 사실을 결합시킨다. 왜냐하면 이 개념은 앞서 살펴보았듯이 자신 안에서 이루어지는 자신의 행위에 대한 지식, 즉 모든 본질성과 모든 현존재로서의 자신의 행위에 대한 지식이며, 실체로서의 이러한 주체에 대한 지식인가 하면 자신의 행위에 대한 지식으로서의 실체에 대한 지식이다. (……)

정신의 최종 형태, 즉 정신의 완전하고 진정한 내용에게 자기의 형식을 부여하고 이를 통해 정신의 개념을 실현하며 이러한 실현에서 자신의 개념에 머무는 정신은 절대지이다.

절대지는 자신을 정신의 형태에서 아는 정신 또는 파악하는 지知이다. 진리는 즉자적으로 확실성과 전적으로 동일할 뿐 아니라 자기 자신의 확실성의 형태도 갖는다. 또는 진리는 그 현존 가운데 있다. 다시 말해서 진리는 자신에 대한 지식의 형식에서 알고 있는 정신을 위해 존재한다. 진리는 종교에서 드러난 확실성과 동일하지 않은 내용이다. 그러나 여기서 말하는 동일성은 내용이 자신의 형태를 포함하고 있다는 사실을 말한다. 이를 통해서 본질 자체인 것, 즉 개념인 것이 현존재의 요소가 되었거나 의식에 대한 대상성의 형식이 되었다. 이러한 현존재의 요소에서 의식에 현상하는 정신 또는 여기서 의식으로부터 산출되는 것이 바로 학문이다.

이러한 지식의 본성과 계기와 운동은 지식이 자기의식의 순수한 대자존재라는 방식으로 발생한다. 지식은 바로 이러한 자아이며 다른 자아가 아니고 직접적으로 매개되거나 지양된 보편적 자아이다.

자아는 자아 자신이 자신으로부터 구별하는 내용을 갖는다. 왜냐하면 자아는 순수한 부정성이거나 자기분화이기 때문이다. 자아는 의식이다. 이러한 내용은 그 구별에서 자아인데, 그 이유는 이 내용이 자기지양의 운동이거나 이와 동일한 순수한 부정성이기 때문이다. 순수한 부정성은 곧 자아이다. 자아는 구별자인 내용 가운데서 내적으로 반성되어 있다. 내용은 자아가 그 타자존재 가운데서 자기 자신으로 머무는 사실을 통해서만 파악된다. 좀더 규정적으로 말하면 이 내용은 다름 아니라 바로 앞에서 언급한 운동 자체이다. 왜냐하면 내용은 정신이 그 대상성에서 개념의 형태를 지님으로써 스스로 대자적으로 정신으로 두루 다니는 정신이기 때문이다.

그러나 이 개념의 현존에 관한 한 정신이 자신의 의식에 이르기까지 학문은 시간과 현실 가운데 나타나지 않는다. 자신의 불완전한 형성을 극복하고 자신의 의식을 위해서 자신의 본질적인 형태를 만들어내며 이러한 방식으로 자신의 자기의식을 의식과 동일하게 하는 노동이 완성되기 전에는 자신의 존재를 아는 정신이 존재하지 않을 뿐 아니라 그 어디에서도 발견되지 않는다. (……)

현실에서는 인식하는 실체가 실체의 형식이나 그 개념형태보다 먼저 현존한다. 왜냐하면 실체는 아직 전개되지 않은 즉자이거나 근거이며 아직 운동을 하지 않는 단순성에서 보이는 개념, 즉 내면성이거나 아직 현존하지 않는 정신의 자기이기 때문이다. 현존하는 것은 아직 전개되지 않은 단순한 존재와 직접적 존재 또는 표상하는 의식 일반의 대상으로 존재한다. 인식은 정신적 의식이기 때문에 인식에게 즉자적인 것은 자기에 대한 존재와 자기의 존재 또는 개념인 한에서만 존재하므로 인식은 우선 가장 빈약한 대상을 갖는다. 이러한 대상에 비해서 실체와 실체의 의식은 훨씬 풍부하다. 실체가 이 의식 가운데서 드러내는 것은 사실 감추는 것이다. 왜냐하면 실체는 아직 자기가 결여된 존재이기 때문이다. 분명한 것은 존재의 확실성뿐이다. (……)

시간은 현존하는 개념이며 공허한 직관으로 의식에게 표상되는 개념이다. 그러므로 정신은 필연적으로 시간 가운데 현상한다. 정신은 자신의 순수한 개념을 파악하지 않는 한에서, 즉 시간을 사상捨象하지 않는 한에서 시간 가운데 현상한다. 시간은 외적으로 직관된 자기이며 자기에 의해 파악되지 않은 순수한 자기이고 오로지 직관된 개념이다. 이러한 개념은 자기 자신을 파악함으로써 자신의 시간형식을 지양하며, 직관을 파악한다. 결국 이 개념은 파악된 직관과 파악하는 직관이다. 따라서 시간은 운명으로 현상하며 내적으로 완성되지 않은 정신의 필연성으로 현상한다. (……)

이러한 근거에서 우리는 다음과 같이 말해야 한다. 경험되지 않는 것은 인식되지 않는다. 이 사실은 이와 동일한 것이 다음과 같이 표현되는 바와 같다. 느껴진 진리로, 내적으로 계시된 영원자로, 신앙의 대상이 된 거룩한 존재로 존재하지 않는 것, 또는 이러한 표현들이 다른 방식으로 구사하는 내용은 인식되지 않는다. 왜냐하면 경험은 내용이 즉자적으로 실체이며 따라서 의식의 대상이라는 사실이기 때문이다. 여기서 내용은 곧 정신이다. 그러나 정신인 이러한 실체는 즉자적으로 존재하는 정신으로 생성됨이다. 정신은 우선 내적으로 반성하는 생성으로서 그 자체가 진정으로 정신이다. 정신 자체는 인식활동으로서의 운동이다. 정신은 즉자에서 대자로의 변화이며 실체에서 주체로의 변화이고 의식의 대상에서 자기의식의 대상으로의 변화이다. 다시 말해서 의식의 대상에서 지양된 대상으로의 변화 또는 개념으로의 변화이다. 이 운동은 자신으로 복귀하는 원환, 즉 시작을 전제하면서 이를 오로지 결과에서 달성하는 원환이다.

정신이 필연적으로 이러한 내적 구별인 한에서 정신의 전체는 자신의 단순한 자기의식을 바라보면서 등장한다. 정신의 전체는 구별된 존재이므로 이 전체는 그 순수한 개념과 시간으로, 그리고 내용 또는 즉자존재로 구별된다. 실체는 주체로서 자신에게서 자신을 즉자적인 실체로, [즉] 정신으로 서술해야하는 최초의 내적 필연성을 갖는다. 완성된 대상적 서술은 동시에 서술에 대한 반성이거나 자기를 향한 서술의 생성이다.

그러므로 정신은 즉자적으로 완성되지 않고 세계정신으로 완성되기 전에는 자기의식적 정신으로 완성될 수 없다. 그러므로 종교의 내용은 시간 속에서 먼저 학문으로서 정신의 존재를 표현한다. 그러나 이 학문은 정신이 자기 자신에 대해 갖는 진정한 지식일 뿐이다.

자신의 지식 형식을 자신으로부터 몰아내는 운동은 현실적 역사로서의 정신이 수행하는 노동이다. 종교 공동체는 그것이 먼저 절대정신의 실체인 한에서 자신의 내면적 정신이 깊어질수록 더욱더 야만적이고 지독한 모습을 지니는 조야한 의식이다. 이러한 내면적 정신이 지니는 둔중한 자기는 자신의 본질은 물론이고 자신의 의식이 소유하는 낯선 내용과도 힘들게 관계한다. 이러한 자기는 낯선 존재를 외면적이고 낯선 방식으로 지양하려는 희망을 포기한 후에 방향을 바꾼다. 왜냐하면 낯선 방식의 지양은 곧 자기의식으로의 복귀이며 자기 자신과 자기만의 세계와 자기의 현재로 복귀하는 것이기 때문이다. 방향을 전환한 자기는 자기만의 세계와 현재를 자신의 소유로 드러내며 이로써 지적 세계를 벗어나는 첫걸음을 내디딜 뿐 아니라 지적 세계가 갖는 추상적인 요소에 현실적인 자기의 정신을 불어넣는다.

자기는 관찰을 통해 한편으로 현존재를 사상으로 발견하고 이를 파악하는가 하면 이와 반대로 자신의 사고 안에서 현존재를 파악한다. 이와 같이 자기가 먼저 사고와 존재 및 추상적 본질과 자기의 직접적 통일을 추상적으로 언급하고 (……) 이로써 사상 가운데서 실체의 출현을 다시금 일깨우기 때문에, 정신은 이러한 추상적 통일성과 자기가 결여된 실체성에서 물러나서 이러한 실체성에 맞서 개체성을 주장한다.

그러나 정신은 이러한 개체성을 교양에서 외화하고 이를 통해 개체성을 현존하게 하고 모든 현존에서 개체성을 관철하여 유용성의 사상에 도달하며 절대적 자유에서 현존재를 자신의 의지로 파악한 다음 자신의 가장 내밀한 깊이의 사상을 드러내 보이는가 하면 본질을 '자아=자아'의 등식으로 말한다. 그러나 이러한 '자아=자아'의 등식은 자기 자신을 반성하는 운동이다. 왜냐하면 이러한 동일성은 절대적 부정성으로서 곧 절대적 구별이므로 자아의 자기동일성은 이런 순수한 구별에 대립하기 때문이다. 이 순수한 구별은 순수한 구별이면서 동시에 스스로를 아는 자기에 대립하는 존재로, 즉 시간으로 언급될 수 있다. 본질은, 앞서 사고와 연장延長의 통일로 언급되었던 것처럼 사고와 시간의 통일로 파악될 수 있다. 그러나 스스로를 내맡긴 구별, 즉 불안정한 시간은 쇠퇴한다. 이러한 시간은 연장의 대상적 정지와 고요이다. 그러나 이러한 고요는 자기 자신과의 동일성인 자아이다.

또는 자아는 자기일 뿐 아니라 자기 자신과의 동일성이다. 그러나 이러한 동일성은 자기 자신과의 완전하고 직접적인 통일이다. 또는 이러한 주체는 곧 실체이다. 실체는 그 자체로만 본다면 아무런 내용이 없는 직관이거나, 특정한 것으로서 오로지 속성만 갖고 필연성은 없는 그러한 내용에 대한 직관일 수 있다. 실체는 절대적 통일성으로 사고되거나 직관되는 한에서만 절대자로 간주될 수 있다. 모든 내용은 그 다양성에 따라 반성되어야 한다. 반성은 내용의 다양성에 속하지 않는다. 내용이 반성되어야 하는 이유는 반성이 주체가 아니며 자기에 대해 반성하는 자가 아니거나 그 자체가 정신으로 파악될 수 없기 때문이다. 그럼에도 내용에 대해 언급되어야 한다면, 그것은 한편으로 내용을 절대자의 공허한 탈근거로 내던지기 위함일 수 있다. 그러나 다른 한편으로 내용은 외적으로 감각적 지각에서 긁어모아질 수 있다. 지식은 사물과 지식 자체에 대한 구별과 다양한 사물의 구별에 도달한 것으로 보인다. 그러나 그 방법과 연원은 파악되지 않았다.

정신이 우리에게 자신을 드러내 보인 것은 다음과 같다. 정신은 자기의식이 자신의 순수한 내면성으로 돌아온 것도 아니며 자기의식이 실체나 아무런 구별이 없는 상태로 침잠한 것도 아니다. 정신은 오히려 스스로를 외화하고 자신의 실체로 침잠하는 자기의 운동인 동시에, 자기가 대상성과 내용의 이러한 구별을 지양한 것과 마찬가지로 스스로 주체로서 실체로부터 자기 자신으로 진입해 들어가며 실체를 대상과 내용으로 삼는다. 직접성에서 나오는 첫 번째 반성은 주체가 자신의 실체로부터 자기를 구별하는 활동이거나 자신을 둘로 나누는 개념이며 자기 내부로 파고드는 활동이고 순수 자아의 생성이다. 이러한 구별이 '자아=자아'의 순수한 행위이므로, 개념은 필연성일 뿐만 아니라 현존재의 등장이다. 즉 실체를 자신의 본질로 가지며 독자적으로 존립하는 현존재의 등장인 것이다. 그러나 현존재의 독자적인 존립은 규정적으로 정립된 개념이며 이로써 단순한 실체로 하강하는 개념 안에서의 운동이다. 여기서 단순한 실체는 이러한 부정성과 운동으로서 무엇보다 먼저 주체이다. (⋯⋯)

정신은 자신의 형태가 전개하는 운동을 지식에 이르러 종결짓는다. 여기에는 정신의 형태가, 극복되지 않은 의식의 구별과 연관되어 있다는 사실이 전제되어 있다. 정신은 그 현존의 순수한 토대인 개념을 획득했다. 정신의 존재가 누리는 자유에 따를 때 내용은 자기를 외화外化하는 자기 또는 자기지식의 직접적 통일성이다. 이러한 외화의 순수한 운동은 외화를 내용의 측면에서 고찰할 경우 바로 이 내용의 필연성을 형성한다. 상이한 내용은 특정한 내용으로서 관계 속에 있으며 즉자적으로 존재하지 않는다. 상이한 내용은 자기 자신을 지양하는 동요이거나 부정성이다. 그러므로 필연성이나 상이성은 그것이 자유로운 존재인 것과 마찬가지로 자기이다. 현존재가 곧 사상임을 보여주는 이러한 자기의 형식에서 내용은 개념이다. 결국 정신은 개념을 획득함으로써 이와 같은 자신의 생의 정기精氣 가운데서 현존재와 운동을 전개시키는데, 이러한 정신이 곧 학문이다. 학문에서는 정신이 펼치는 운동의 여러 계기들이 더 이상 의식의 규정적 형태로 서술되지 않는다. 오히려 의식 형태의 구별이 자기로 되돌아감으로써 이 계기들은 규정적 개념으로, 그리고 자기 자신에 토대를 두는 개념의 유기적 운동으로 서술된다.

정신현상학에서의 모든 계기가 지식과 진리의 구별이며 정신이 자신을 지양하는 운동이라면, 이에 반해 학문은 이러한 구별과 지양을 포함하지 않는다. 오히려 계기는 개념의 형식을 가짐으로써 진리의 대상적 형식과 인식하는 자기의 대상적 형식을 직접적으로 통합한다. 계기는 의식이나 표상에서 자기의식으로, 자기의식에서 의식이나 표상으로 왕복하는 운동으로 등장하지 않는다. 오히려 이 계기의 순수한 형태, 즉 의식에 나타난 모습에서 자유로운 형태와 순수한 개념과 이 개념의 지속적 운동은 오로지 그 순수한 규정성에 달려 있다. 이와 반대로 학문의 모든 추상적 계기들에는 현상하는 정신 일반의 형태가 대응한다. (……)

학문은 순수 개념의 형식에게 스스로를 외화하는 이러한 필연성뿐만 아니라 개념이 의식으로 이행하는 활동성을 그 자체 안에 포함한다. 왜냐하면 자신을 아는 정신은 자신의 개념을 파악하기 때문에 자기 자신과의 직접적 동일성, 즉 그 구별에서 직접적인 것에 대한 확실성으로서의 동일성이거나 우리가 출발했던 지점인 감각적 의식이다. 이와 같이 자기의 형식에서 해방되는 것은 최고의 자유이며 자신에 대한 지식의 확실성이다.

그러나 이러한 외화는 아직 불완전하다. 이것은 자기 확실성과 대상의 관계를 표현한다. 여기서 대상은 관계 속에 있을 뿐이며 아직 자신의 완전한 자유를 획득하지 못했다. 지식은 자신을 알 뿐 아니라 자신의 부정성이나 한계도 안다. 자신의 한계를 아는 것은 자기희생에 대해 아는 것을 의미한다. 이러한 희생은 다음과 같은 외화이다. 이러한 외화에서 정신은 자신이 정신으로 생성되는 것을 자유로운 우연적 사건의 형식을 통해 서술한다. 여기서 정신은 자신의 순수한 자기를 자기 밖에 있는 시간으로 직관하며 이와 마찬가지로 자신의 존재를 공간으로 직관한다. 이러한 정신의 최종적 생성인 자연은 정신의 생동적인 생성이자 직접적 생성이다. 자연, 즉 외화된 정신은 그 현존에서 다름 아니라 존립하는 자연의 영원한 외화이며 주체를 산출하는 운동이다.

정신의 생성의 다른 측면인 역사는 인식하는 생성이며 자기를 매개하는 생성, 즉 시간에 외화된 정신이다. 그러나 이러한 외화는 마찬가지로 외화 자신의 외화이다. 부정은 자기 자신에 대한 부정이다. 이러한 생성은 일련의 과정으로 나타나는 여러 정신들의 느린 운동과 여러 형상들의 전시장을 서술한다. (……) 정신의 완성은 그 자신의 됨됨이와 실체를 완전히 아는 것이기 때문에 이러한 지식은 자신의 현존재를 떠나고 기억의 형태를 부여하는 정신의 성찰(Insichgehen)이다. 이러한 성찰에서 정신은 자기의식의 밤 가운데 가라앉지만 이 가운데서 보존된다. 이렇게 지양된 현존재, 즉 선행적인 것이지만 지식에서 새롭게 탄생한 것은 새로운 현존재이며 새로운 세계이고 새로운 정신형태이다. (……)

그러나 내면화(Er-Innerung)는 이전에 나타난 정신의 경험을 보존하며, 따라서 내적인 것인 동시에 사실상 최고 형식의 실체이다. 이 정신이 오로지 자기 자신으로부터 출발하는 것으로 보이는 자신의 도야를 처음부터 다시 시작한다면, 이러한 정신의 시작은 동시에 보다 높은 단계에서 이루어진다. 이러한 방식으로 현존재에서 형성되는 정신의 왕국은 한 정신이 다른 정신을 대체하고 각각의 정신이 이전에 나타났던 정신의 세계를 받아들이는 일련의 과정을 형성한다. 이러한 일련의 과정의 목표는 심연의 현시이며, 이 현시는 절대 개념이다. 이로써 현시는 절대 개념의 심연을 지양한 것이거나 그 확장이며 자기 안에 존재하는 자아의 부정성, 즉 자아의 외화나 실체인 부정성이고 절대 개념의 시간이다. 다시 말해서 이러한 외화가 시간 안에서 일어날 뿐 아니라 시간의 확장과 같이 그 심연과 자기 안에서 일어나는 절대 개념의 시간이다.

목표와 절대지 또는 자신을 정신으로 아는 정신은 자신의 도정에서 스스로에게 어떤 모습을 띠며 자신의 왕국을 어떻게 조직하는지를 회상한다. 우연성의 형식으로 나타나는 정신의 자유로운 현존의 측면에서 이루어지는 정신의 보존은 역사인 반면, 그 개념적 조직의 측면에서 이루어지는 정신의 보존은 현상지의 학이다. 이 둘을 종합하면 파악된 역사가 되는데, 이것은 절대정신의 기억과 골고다를 형성하며 현실을 형성하고 절대정신의 왕위가 갖는 진리와 확실성을 형성한다. 이러한 왕위가 없다면 절대정신은 아무런 생명력이 없는 고독일 것이다. 이러한 정신의 왕국의 잔에서 무한성이 넘쳐 흐른다.(575~591)

5부

참고문헌과 연보

헤겔은 예나에 진주한 나폴레옹과 프로이센 군대의 전투를 생생히 목도한다. 1806년 10월 나폴레옹 군대를 눈앞에 두고 『정신현상학』을 탈고했다는 이야기는 너무나 잘 알려져 있다. 개인적인 고통과 조국의 비극적 현실을 체험하면서 헤겔은 분열과 찢김의 치유를 필생의 철학적 과제로 삼게 되었는지 모른다.

참고문헌

헤겔의 저서

Hegels theologische Jugendschriften, 정대성 옮김, 『청년 헤겔의 신학론집』, 인간사랑, 2005.

Differenz des Fichteschen und Schellingschen Systems der Philosophie, GW, Bd. 4, 임석진 옮김, 『피히테와 셸링철학 체계의 차이』, 지식산업사, 1989.

Glauben und Wissen, GW, Bd. 4, 황설중 옮김, 『믿음과 지식』, 아카넷, 2003.

Jenaer Systementwürfe I, III, GW. Bd. 6, 8, 서정혁 옮김, 『헤겔 예나 시기 정신철학』, 이제이북스, 2006.

Phänomenologie des Geistes, GW, Bd. 9, 임석진 옮김, 『정신현상학 1, 2』, 한길사, 2005.

Wissenschaft der Logik I, II, GW, Bd. 11, 12, 임석진 옮김, 『대논

리학 I, II, III』, 지학사, 1983.

Grundlinien der Philosophie des Rechts, TWA, Bd. 7, 임석진 옮김, 『법철학』, 지식산업사, 1992.

Religions-Philosophie, GW, Bd. 17, 최신한 옮김, 『종교철학』, 지식산업사, 1999.

Enzyklopädie der philosophischen Wissenschaften I, II, III, 박구용, 박병기 옮김, 『정신철학』, 울산대학교출판부, 2000.

Vorlesungen über die ästhetik I, II, III, 두행숙 옮김, 『헤겔미학 1, 2, 3』, 나남출판, 1996.

헤겔 관련 국내 저서

박영지, 『헤겔의 신 개념』, 서광사, 1996.

안재오, 『청년헤겔, 통일의 철학』, 한울, 2001.

양우석, 『절대가 죽은 시대에 헤겔의 절대주의 철학은 과연 가능한가?』, 서광사, 2005.

윤병태, 『삶의 논리』, 용의 숲, 2005.

이광모, 『헤겔철학과 학문의 본질』, 용의 숲, 2006.

이동희, 『헤겔과 자연』, 제우스, 2006.

이부현, 『이성과 종교』, 서광사, 1995.

이정은, 『헤겔 「대논리학」의 자기의식 이론』, 한국학술정보(주), 2006.

임석진, 『헤겔의 노동의 개념』, 지식산업사, 1990.

임홍빈, 『근대적 이성과 헤겔철학』, 고려대학교 출판부, 1996.

최신한, 『헤겔철학과 종교적 이념』, 한들출판사, 1997.

헤겔 연보

1770 8월 27일 슈투트가르트에서 태어남.

1774 초등학교 입학

1788 튀빙엔 신학부 입학.

1790 철학석사.

1793 신학석사 및 신학교회 시험. 10월부터 베른에서 가정교사.

1797 1월부터 프랑크푸르트에서 가정교사.

1798 정치 관련 논문 익명으로 출간(최초의 저서).

1801 예나로 이주. 교수자격 취득. 교수자격논문 및 최초의 비판적 철학적 논문 출간.

1805 철학 원외교수 서임.

1807 『정신현상학』 출간. 『밤베르크 신문』 편집업무 인수.

1808 11월부터 뉘른베르크 고등학교 교장.

1811 마리 폰 투허Marie von Tucher와 결혼.

1812 『논리학』제1권.

1813 『논리학』제2권.

1816 『논리학』제3권. 10월부터 하이델베르크 대학 교수.

1817 『엔치클로페디』제1판.

1818 베를린 대학 교수(피히테의 후임).

1820 가을. 『법철학』.

1827 『엔치클로페디』제2판.

1829 베를린 대학 총장.

1831 『논리학』개작 시작. 제1권만 마침(1832년 출간). 11월 14일
   콜레라로 영면.

정신현상학

자기 내적 거리유지의 오디세이아

초판 인쇄 ㅣ 2007년 2월 16일
초판 발행 ㅣ 2007년 2월 27일

지은이 ㅣ 최신한
펴낸이 ㅣ 심만수
펴낸곳 ㅣ (주)살림출판사
출판등록 ㅣ 1989년 11월 1일 제9-210호

주소 ㅣ 413-756 경기도 파주시 교하읍 문발리 파주출판도시 522-2
전화 ㅣ 031)955-1350   기획·편집 ㅣ 031)955-1364
팩스 ㅣ 031)955-1355
이메일 ㅣ salleem@chol.com
홈페이지 ㅣ http://www.sallimbooks.com

기획위원 ㅣ 강영안·정재서

ISBN 978-89-522-0609-1 04080
       978-89-522-0314-4 04080 (세트)

값 9,900원